Mehr Lesekompetenz für mein Kind

urania

Antje Dohrn

Mehr Lesekompetenz für mein Kind

Mit Spaß und Spiel Texte besser lesen und verstehen

Die Autorin: Antje Dohrn ist Studienrätin für Deutsch, Französisch und Englisch mit langjähriger Unterrichtserfahrung in Schule und Universität. Sie lebt und arbeitet als Autorin und Hochschuldozentin in Berlin.

Die im Buch veröffentlichten Ratschläge wurden von der Verfasserin sorgfältig erarbeitet und geprüft. Eine Garantie kann dennoch nicht übernommen werden, ebenso ist eine Haftung der Verfasserin bzw. des Verlags und seiner Beauftragten für Personen-, Sach- und Vermögensschäden ausgeschlossen.

Bibliografische Information der Deutschen Bibliothek
Die Deutsche Bibliothek verzeichnet diese Publikation in der deutschen Nationalbibliografie; detaillierte bibliografische Daten sind im Internet über http://dnb.ddb.de abrufbar.

www.urania-verlag.de

Umschlaggestaltung: Behrend & Buchholz, Hamburg
Umschlagbild: getty images/Stockbyte Platinum
Redaktion: Beate Vogt
Satz: Rund ums Buch – Rudi Kern, Kirchheim/Teck
Druck: Westermann Druck, Zwickau
Printed in Germany

ISBN 978-3-7831-6187-8

Vorwort

42 Prozent der 15-jährigen Deutschen sagen, so die PISA-Studie, dass sie nicht zum Vergnügen lesen. Dieses Ergebnis ist vor allem aus zwei Gründen bedrückend. Zum einen liest ein unlustiger Leser auch nicht leicht und erfolgreich, zum anderen entgeht den Nichtlesern das gesamte Universum des gedruckten Wortes und der Literatur. Gerade darum aber sollte es jedem Bildungsprozess in der Familie, im Kindergarten und in der Schule gehen: die reale Welt durch die Welt der Fantasie zu erweitern, wie sie in Büchern entfaltet wird.

Wenn das Lesen, besonders in der jüngeren Generation, rückläufig ist, sind Anstrengungen in der Leseförderung mehr denn je gefragt. Besonders Eltern, Erzieher und Lehrer sind gefordert, Kindern und Jugendlichen das Lesen und die Bücher, Zeitungen und Zeitschriften nahe zu bringen. Nicht zuletzt die Vorbildfunktion ist dabei wichtig. Es mag dabei vielleicht überraschen, dass das Vorhandensein und die regelmäßige Lektüre einer Tageszeitung und das Sprechen über Gelesenes daheim einen signifikanten Einfluss auf die Lesefreude der Kinder hat.

Das Ziel dieses Buches ist es, Anregungen zur Leseförderung zu geben. Es richtet sich ganz speziell an Eltern und ihre Kinder von der 4.–7. Klassenstufe und macht den Eltern praktische Vorschläge, wie sie ihren Kindern Vertrautsein mit Texten unterschiedlichster Art und Lesekompetenz vermitteln können. Es zeigt, welche Fähigkeiten wie das Verstehen von Texten, Verfahren zur Texterschließung, Lesemotivation, Lesefreude usw. notwendigerweise zu einem interessierten, guten und erfolgreichen Leser gehören und wie sie gefördert werden können.

Bei stetiger Erweiterung unserer Kommunikationsmöglichkeiten und fortschreitender Digitalisierung ist eine hohe Lesekompetenz mehr denn je gefragt. Diese Überzeugung ist die Basis dieses Buches wie auch der vielfältigen Förderungspraxis der Stiftung Lesen.

Diese Aufgabe ist so wichtig, dass es gar nicht genug solcher Initiativen geben kann!

Heinrich Kreibich
Geschäftsführer der *Stiftung Lesen*

Zur Einführung

»Unser Kind liest überhaupt nicht!«, »Unser Sohn hat keinen Spaß an Büchern, aber Anleitungen für Computerspiele liest er im Handumdrehen.«, »Unsere Tochter liest die Textaufgaben in Mathe flüssig und ohne Fehler vor, sie versteht sie aber überhaupt nicht!«

Eltern wissen oft nicht so recht, wie sie die Lesefertigkeiten ihrer Kinder einschätzen sollen. Besteht Handlungsbedarf, wenn ein Kind keine Lust zum Lesen hat? Muss man sich überhaupt Sorgen machen, wenn ein Kind nicht lesen möchte? Was ist zu tun, wenn Kinder zwar flüssig lesen können, aber die Texte nicht verstehen? Ist Lesen heutzutage überhaupt noch wichtig?

Gerade in unserem heutigen Medienzeitalter hat die Bedeutung, die dem Lesen zukommt, noch zugenommen: Nur wer lesen kann, kann Texte verstehen. Und nur wer Texte verstehen kann, ist in der Lage, die vielfältigen Informationen, die durch die Medien vermittelt werden, zu nutzen. Für den kundigen Leser ist das Lesen sozusagen die Eintrittskarte in die vielseitige Welt der Literatur und Sachtexte: Erst durch richtiges Lesen kann er an spannenden Erkenntnissen aus den Naturwissenschaften, der Technik und anderen Wissensbereichen teilhaben.

Was ist »richtiges Lesen«?

Neben der Basisfunktion, dem Übersetzen von Buchstaben in Laute und ihrer Verschleifung zu Wörtern, bedeutet richtiges Lesen vor allem Sinn- und Bedeutungsentnahme. Lesen ist Verstehen! Es reicht nicht, einen Text flüssig vorlesen zu können, sondern es geht darum, dass Kinder in die Lage versetzt werden, Texte zu verstehen und die Bedeutungen für sich selbst zu nutzen. Lesekompetenz ist das Ziel einer Leseförderung in mehreren Schritten und eine Hilfe zum Erreichen persönlicher Ziele, zur Weiterentwicklung des eigenen Wissens und die Grundlage jeder Form selbstständigen Lernens.

Lesemotivation und Leselust sind wichtige Bausteine der Lesekompetenz. Aber wie kann man Kinder zum Lesen motivieren? Eltern können mit gezielten Angeboten dazu beitragen, dass ihre Kinder dauerhaft und mit Spaß lesen, indem sie mit ihnen die Fähigkeiten trainieren, die zum Verstehen von Texten notwendig sind. Kinder haben nämlich erst dann die Möglichkeit, die faszinierenden (Lese-)Welten zu entdecken und sich das bildende Potenzial des Lesens zu erschließen, wenn sich ihnen der Sinn von Texten erschließt und sie in der Lage sind, diesen auf sich selbst zu beziehen.

In diesem Buch habe ich Aufgaben und Übungen zusammengestellt, mit denen Eltern und Kinder gemeinsam das Handwerkszeug der Texterschließung erarbeiten können. Es wendet sich an Eltern und ihre Kinder vom 4.–7. Schuljahr. Die Aufgaben sind so ausgewählt, dass sie einerseits das Interesse der jungen Leser an verschiedenen Texten und Textsorten wecken und ihnen andererseits Strategien vermitteln, die sie an das Lesen und Verstehen von Texten heranführen und Lesekompetenz vermitteln.
Die Aufgaben bauen aufeinander auf, sie sind im Schwierigkeitsgrad der jeweiligen Altersstufe angemessen, sodass die Kinder nach und nach in die Lage versetzt werden, sich Texte selbstständig zu erschließen. Dazu gehört auch zu lernen, eigene Verstehensschwierigkeiten wahrzunehmen und zu artikulieren. Die Rolle der Eltern sehe ich darin, diesen Lern- und Leseprozess anzuleiten, ihn zu begleiten und eine Atmosphäre zu schaffen, in der Fehler keine Katastrophe sind, sondern notwendige Etappen auf dem Weg zu einer umfassenden Lesekompetenz.
Nur so können die Kinder eine positive Einstellung zum Lesen finden!

Viel Spaß und Erfolg mit diesem Übungshandbuch!

Antje Dohrn

Wie Eltern die Lesekompetenz ihrer Kinder fördern können

Viele Kinder können einen Text zwar flüssig vorlesen, doch oft wissen sie nicht, was das Gelesene eigentlich bedeutet. Um einen Text auch zu verstehen, muss man seinen Sinn erschließen können, und dies gelingt nur, wenn man bei Kindern die Lust und das Interesse am Lesen weckt, das heißt ihre Lesekompetenz stärkt.

Lesekompetenz

Ein kompetenter Leser kann einem Text Informationen entnehmen, diese Informationen interpretieren, darüber nachdenken und sie be- bzw. weiterverwerten. Lesekompetenz ist keine Fähigkeit, die nur bei komplexen Texten erforderlich ist, sondern auch im Alltag ständig gebraucht wird: Wer zum Beispiel aus einem Kochbuch ein Rezept auswählt, die Zutaten einkauft, dem Rezept folgend kocht, anschließend mit der Familie beim Essen über das neue Gericht redet, besitzt schon eine gewisse Lesekompetenz! Genau wie derjenige, der am Bahnhof den Fahrplan liest, sich einen Zug auswählt, den Zug nimmt, sich später vielleicht schriftlich über die Verspätung beschwert ... Er hat einem Text Informationen entnommen, sie interpretiert, reflektiert und bewertet.

Lesen und Verstehen, um den Alltag zu bewältigen

Lesekompetenz ist wichtig, um das tägliche Leben zu meistern.

Im Alltag begegnen wir sehr unterschiedlichen Formen von »Texten«. Auch ein Fahrplan ist ein Text, es sind tabellarisch angeordnete Worte und Ziffern, die man verstehen muss. Ebenso muss man Tabellen, Diagramme und Grafiken, von der Lohnsteuertabelle bis zum Mietspiegel, lesen und das heißt verstehen können, um den Alltag zu bewältigen. Das setzt allerdings eine hohe Sicherheit im Textverstehen und grundlegende Kenntnisse von Texterschließungsstrategien voraus.
Damit sich Lesekompetenz entfalten kann, muss möglichst früh ein Interesse geweckt und gefördert werden, Texte zu lesen und zu nutzen.

Das Lesen umfassend fördern

Mit diesem Buch können Eltern ihre Kinder zum Lesen motivieren und mit ihnen gemeinsam eine Textverstehensbasis schaffen. Sie können damit bereits ab dem 4. Schuljahr beginnen, denn erfahrungsgemäß und entsprechend den schulischen Rahmenplänen sind die ersten grundlegenden Phasen der Alphabetisierung nach zwei Schuljahren durchschritten (bis auf Ausnahmefälle oder bei Kindern mit Deutsch als Zweit- oder Fremdsprache) und die Kinder verfügen darauf aufbauend ab der 3./4. Klasse über ein ausreichend umfangreiches Wortmaterial, das zur systematischen Leseförderung genutzt werden kann.

Lesemotivation

Der erste Schritt auf dem Weg zur Lesekompetenz ist die Lesemotivation. Interesse und Freude am Lesen kann nur geweckt werden, wenn sich die Kinder als Leser mit den Texten in irgendeiner Form identifizieren und sie diese mit ihren eigenen Interessen, Erfahrungen, Wissensstrukturen und Bedürfnissen verknüpfen können.

Damit Kinder Freude am Lesen bekommen, müssen sie eigene Erfahrungen mit den Inhalten von Texten in Zusammenhang bringen können.

Daher finden sich in diesem Buch interessante, inhaltlich und textsortenspezifisch abwechslungsreiche Texte, die in Hinblick auf Inhalt, Länge und Aufgabenstellungen jeweils altersgerecht ausgewählt wurden. Die Lesekompetenz soll schrittweise entwickelt und gefördert werden – aus diesem Grund bauen die den Texten zugeordneten Fragen und Aufgaben aufeinander auf bzw. wiederholen sich, um erlernte Strategien zu vertiefen.

Alle Aufgaben und Texte sind in den dafür vorgeschlagenen Klassenstufen erfolgreich erprobt worden. Sie basieren also auf ausgewerteten Erkenntnissen und haben sich in der Praxis bewährt.

Das gesamte Text- und Übungsmaterial ist aber durchaus flexibel zu handhaben und kann ausgetauscht, erweitert oder gekürzt werden, um es den individuellen Bedürfnissen der Kinder und den Schwerpunkten, die gerade im Mittelpunkt der Förderung von Lese(teil)fertigkeiten stehen, anzupassen.

Schritt für Schritt zum verstehenden Lesen

Für die Leser aus der 3./4. Klasse wird die Aufmerksamkeit zunächst auf kleinere Satzeinheiten gelenkt; so können die Kinder bereits in diesem frühen Lesestadium erste Kompetenzen im Umgang mit Texten erwerben. In den Aufgaben für die 5./6. Klassenstufe finden sich inhaltliche Fragen, sodass die Kinder mit den Texten in einen Dialog treten können: Die Leser sind aufgefordert, einerseits Informationen aus dem Text zu entnehmen, diese zu bearbeiten und wiederzugeben, andererseits aber auch sich selbst mit ihren Interessen, ihrem Vorwissen und ihren Erwartungen in Thema und Text einzubringen.

Die Anforderungen an die Lesefähigkeiten wechseln im Laufe der Schulzeit.

Der Übergang von der Grund- auf die weiterführende Schule stellt weitere Anforderungen an die Lesefähigkeiten und Lesefertigkeiten der Schüler: weitere Texterschließungsstrategien ermöglichen den Zugang zu schwierigeren und längeren Texten. Vermehrt werden die Schüler aufgefordert, eine kritische Haltung zum Text zu entwickeln.

So tragen alle sich den Lesetexten anschließenden Fragen und Aufgaben in diesem Buch der Besonderheit des jeweiligen Textes und der angesprochenen Zielgruppe Rechnung. Darüber hinaus werden Möglichkeiten der Visualisierung und Abstrahierung von Textinhalten in unterschiedlichster Form genutzt, wie der Anteil an handlungsorientierten und kreativen Aufgaben im Anschluss an die Texte zeigt.

Stilles Lesen

Um Texte lesen und verstehen zu können, muss sprachliches und außersprachliches Wissen aktiviert werden, aber auch eigene Erfahrungen fließen in diesen Prozess der Entschlüsselung von Texten mit ein. In der Praxis bedeutet dies, dass jedes Kind die Möglichkeit bekommen sollte, einen unbekannten Text in seinem eigenen Tempo selbstständig, still für sich zu lesen.

Lesen – ein individueller, aktiver Vorgang

Von diesem Leseverständnis ging die PISA-Studie aus – und es zeigte sich, dass deutsche Schüler und Schülerinnen aus dieser Perspektive schlechte Leser sind. In der Schule galten jedoch nur 11,4 Prozent derjenigen Schüler als schlechte Leser, die in der PISA-Studie nicht einmal die unterste Kompetenzstufe erreicht hatten! Offensichtlich gingen die Lehrer und Lehrerinnen von einem anderen Lesebegriff aus. Sie verstanden das Lesen als eine Technik, einen Text fehlerlos, flüssig und mit der richtigen Artikulation zu lesen. Vorlesenkönnen darf jedoch – wie bereits erwähnt – nicht mit Lesefähigkeit verwechselt werden, obwohl das hierzulande noch häufig der Fall ist.

Einen Text fehlerlos vorlesen zu können, bedeutet nicht, ihn auch zu verstehen.

Das laute Vorlesen eines unbekannten Textes stellt für ungeübte Kinder am Anfang der Textbegegnung oftmals eine Überforderung dar und ist als Übungsform in Hinblick auf eine umfassende Lese- und Texterschließungskompetenz nicht förderlich. Beim Versuch, Buchstabenverbindungen möglichst »flüssig« in Laute umzusetzen, gibt es nicht die Möglichkeit, Denkpausen einzulegen und im Text vor- und zurückzugehen – auch wenn der Text dann flüssig »klingt« – das Verstehen bleibt häufig auf der Strecke.

Lesen heißt: Verstehen

Lautes Vorlesenkönnen eines Textes ist eine eigene Teilfertigkeit in dem komplexen Rahmen der Lesekompetenz, die in diesem Übungsbuch nicht im Vordergrund steht. Alle hier vorgestellten Übungen und Aufgaben zielen darauf ab, Strategien zum Textverstehen zu erarbeiten – und das gelingt am besten, wenn die Kinder sich die Texte zunächst in ihrem eigenen Tempo erschließen, das heißt still lesen. Wenn Verstehensschwierigkeiten geklärt sind und der Text dem Kind inhaltlich bekannt ist, steht dem lauten Vorlesen nichts mehr im Wege – oft macht es ihm sogar richtig Spaß, einen verstandenen Text gut vorzutragen!

Schwierigkeiten beim Lesen von Texten

Leseschwierigkeiten können das Lernen in vielen Bereichen behindern – auch in der Mathematik.

Viele Kinder können nicht hinreichend gut verstehen, was sie lesen. Meist ist ihnen selbst das nicht bewusst. Und auch in der Schule fallen sie nicht unbedingt auf, wenn sie flüssig vorlesen können. Lese- und Verstehensprobleme offenbaren sich nicht nur im Deutsch- oder Sachunterricht, sondern zum Beispiel auch beim Lösen von Textaufgaben in der Mathematik. Wer hier Worte oder Begriffe nicht versteht, kann keinen Ansatz für die Rechnung finden.

Im Gespräch über einen Text zeigt sich häufig, dass Kinder Wörter oder Satzmuster nicht verstehen, manchmal fehlt ihnen der lebenspraktische Hintergrund, um an eigene Erfahrungen anknüpfend die Begriffe zu deuten. Im Mündlichen selten gebrauchte Substantive und Fremdwörter, aber auch die Bedeutung von bekannten Adjektiven oder Verben in ungewohnten Zusammenhängen können Kindern Verstehensschwierigkeiten bereiten. (So verstanden Kinder einer 5. Gymnasialklasse zum Beispiel das Verb *stürzen* in dem Satz *Die Frau stürzte ins Zimmer* im Sinne von *fallen.)*

Schwierigkeiten erkennen und ohne Scheu benennen

Der erste Schritt auf dem Weg zur Bewältigung von Verstehensschwierigkeiten besteht darin, sie zu erkennen und zu benennen. Sensibilität ist nötig: auf Seiten der Eltern, aber auch die Kinder sollten lernen, ohne Scheu nach unbekannten Wörtern, Sätzen oder Satzzusammenhängen zu fragen.

Den Rahmen für eine anregende Fragekultur bietet dieses Übungsbuch: Die Fragen und Aufgaben sind so ausgewählt, dass die Kinder Schritt für Schritt von der Sicherung des globalen Textverständnisses und der Sicherung der Kernaussagen des Textes zur Überprüfung von wichtigem Detailwissen bis hin zu einer Sicht auf den Text aus mehreren Blickwinkeln gelangen können. Diese Vorgehensweise schult die Aufmerksamkeit und Wahrnehmungsfähigkeit der Kinder und macht sie empfindlicher und zugänglicher für die Besonderheiten des Textes.

Eine positive Übungsatmosphäre schaffen und Lernstrategien entwickeln

Besonderes Augenmerk ist in diesem Buch auf die abwechslungs- und anregungsreiche Gestaltung der Aufgaben und Übungen gelegt, denn nur in einer positiven Übungsatmosphäre können Kinder eine positive Einstellung zum Lesen finden.

Eine positive Lern- und Übungsatmosphäre ist sehr wichtig, um stressfrei Lesestrategien zu entwickeln.

Aktive und kreative Auseinandersetzung mit Texten

Werden die Kinder zum Beispiel aufgefordert, einen Text zu rekonstruieren, also richtig zusammenzusetzen und dies zu begründen, ist das bereits eine einfache Form aktiver und kreativer Auseinandersetzung mit dem Text, die zum Nachdenken auffordert. Ähnliche Ziele verfolgen Aufgaben, in denen die Kinder aufgefordert werden, einen Text vom Ende her zu erschließen. Voraussetzung dafür ist, dass das Bedeutungsspektrum eines oder mehrerer Schlüsselbegriffe geklärt ist: Das sprachliche Vorwissen wird aktiviert und erweitert und kann dann mit dem Text verbunden werden. Die Aufgaben bieten stets die Möglichkeit, über die Erschließung des Textinhalts hinausgehend das Augenmerk auch auf seine (sprachlichen) Besonderheiten und seine Machart zu lenken. Textergänzungen, etwa in Form von Lückentexten, sind hier Gewinn bringend.

Hilfreiche Lesestrategien entdecken

Neben vielen Aufgaben aus dem handlungsorientierten und kreativen Bereich der Texterschließung und Leseförderung finden Sie in diesem Buch Übungen, deren Ziel die Vermittlung eher analytischer Lesestrategien ist, wie die Bildung von Absätzen und Überschriften, Unterstreichungen von Schlüsselwörtern und Zusammenfassungen von ausgewählten Textzusammenhängen. Auch das Slalomlesen, eine effektive Form des orientierenden Lesens, bei dem es darum geht, anhand einer vorgestellten oder auch als Hilfe eingezeichneten Slalomlinie durch den Text von links außen oben bis rechts außen unten bei einem ersten Lesedurchgang den Inhalt zu überfliegen, ist eine für Kinder sehr hilfreiche Lesestrategie. Wichtige Wörter, die wiederholt vorkommen, fallen auf, weil sie optisch ins Auge stechen, und sie prägen sich im Gedächtnis ein. Andererseits fallen so auch unbekannte Wörter auf, die das Textverständnis behindern könnten.

Vielfältige Übungsformen stärken Schritt für Schritt die Lesekompetenz.

Außerdem bietet dieses Buch Konzentrations- und Entspannungsübungen, die die Wahrnehmung auf wichtige Einzelphänomene des Textes lenken oder als Augenübung eingesetzt werden können. In diesen Übungen können die Kinder neue Energie gewinnen – denn sie stärken ihren geistigen Freiraum –, um sich dann erneut unter variierender Frage- und Aufgabenstellung mit dem Text auseinander zu setzen.

Ein stressfreies Lernklima schaffen

Aus diesen vielfältig gestalteten Aufgaben kann eine positive Lern- und Übungsatmosphäre entstehen, in der das Verstehen und Behalten von Texten leicht fällt, wo Textverstehensschwierigkeiten systematisch bearbeitet und Schritt für Schritt aufgelöst werden – und es kann dann nicht zuletzt ein Lernklima entstehen, in dem Lesestrategien stressfrei entwickelt werden können und die Freude am Lesen von Texten wachsen kann!

Texte, Übungen und Aufgaben für die Klassenstufe 4/5

Lesen macht Spaß, vor allem wenn es um Spuk, Geheimschrift, lauernde Wanzen auf Mauern und noch allerhand anderes Spannende geht.

Kino

Kino
Kinofilm
Kinokasse
Kinosaal
Kinostar
Kinoplatz
Kinoplakat
Kinopalast
Kinotechnik
Kinovorführung
Kinogeschichte
Kinoplatzanweiserin

Aufgaben:

1. Lies alle Wörter einmal leise und langsam.
2. Trenne jetzt mit einem Strich das Wort *Kino* vom restlichen Wort ab und sprich noch einmal halblaut das zweite Wort vor dich hin. Steigere dein Tempo!
3. Kannst du jetzt alle Wörter noch einmal von oben nach unten im Ganzen deutlich und schnell vorlesen, ohne dich zu verhaspeln? BRAVO!
4. Verdecke jetzt die Wörter und versuche, aus dem Gedächtnis die fehlenden Vokale in die Lücken der Wörter auf der gegenüberliegenden Seite einzusetzen, sodass du die eben gelesenen Wörter wieder richtig zusammensetzt.
5. Geschafft? Dann kannst du die Wörter oben wieder aufdecken und vergleichen.

*K_n_*

K_n_f_lm

*K_n_k_ss_*

K_n_s__l

K_n_st_r

K_n_pl_tz

K_n_pl_k_t

K_n_p_l_st

K_n_t_chn_k

K_n_v_rf_hr_ng

*K_n_g_sch_cht_*

K_n_pl_tz_nw__s_r_n

6. Bilde ernste und lustige Sätze mit so vielen dieser Wörter wie möglich! Vielleicht findest du dabei auch noch neue zusammengesetzte Wörter mit dem Wortbaustein *Kino*, wie z. B. in dem Satz:
   Neben der Kinokasse des Kinos steht die Kinoplatzanweiserin und reißt die Kinokarten der Kinobesucher ab.
7. Finde Fantasiewörter, die das Wort *Kino* enthalten, z. B. *Kinokind, Kinohund* … Erkläre, was damit gemeint sein könnte.

Bäume

WALDHOLZBAUMWURZELSTAMMRINDEASTZWEIG

BLATTNADELLAUBKNOSPEFRUCHTZAPFENKERN

EICHEKASTANIETANNEBIRKEKIEFERPALMEFLASCHE

Aufgaben:

1. Lies das Bandwurmwort und finde die 22 Wörter, die darin versteckt sind, indem du sie mit Strichen voneinander abtrennst.
2. Lies sie jetzt einmal laut vor.
3. Zeichne oder male ein kleines Bild, auf dem man die ersten zehn Wörter im Zusammenhang sehen kann.
4. Erkläre dein Bild.
5. Wie viele Bäume werden genannt?
6. Welches Wort bezeichnet sowohl einen Baum als auch seine Frucht?
7. Hast du das Wort gefunden, das eigentlich gar nichts im Wald zu suchen oder mit Bäumen zu tun hat?
8. Lies jetzt noch einmal alle Wörter des Wörterbandwurms vom Ende zum Anfang. Wie schnell schaffst du das, ohne dich zu versprechen?

Musikinstrumente

G	EI	G	E	
F	LÖ	T	E	
C	EL	L	O	
K	LAV	IE	R	
T	RO	MP	ET	E
S	CHL	AG	ZE	UG
G	ITA	R	RE	
V	IOL	IN	E	
T	R	OM	M	EL
K	L	ARIN	ET	TE

Aufgaben:

1. Lies die Wörter für diese zehn Musikinstrumente.
2. Welche Instrumente davon sind Tasten-, Streich- und Blasinstrumente?
3. Welche Wörter bleiben übrig?
4. In welche Gruppe von Instrumenten gehören sie?
5. Welche anderen Schlaginstrumente kennst du? Schreibe sie auf und lies sie vor!
6. Verdecke jetzt die Wörter, versuche dich an alle Instrumente zu erinnern und zähle sie aus dem Gedächtnis auf. Kommst du auf zehn?
7. Welche dieser Instrumente kannst du zwischen den folgenden Buchstaben entdecken? Kreise sie ein!

HASKDGITARREVJGUTHSKLAVIERTROMMELDPÖÄ

GURJDMDMUSIKRHDSNSCHLAGSAHNESKDJRHFZE

VIOLANEVIOLINEÖFJCNETKLARANETTAMÄWY

Zungenbrechervorübung

TascheMascheLascheSache
RachenlachenmachenKacheln
Fackelnwackelndackelnbacken
BierTiervierviel
StilKielZielKies
fiesmiesgießGruß
MusFußRußKuss
BusSchlussFlussStoß
FloßgroßMoosrot
BrotNotTodBeet
spätnähtbratBraut
lautkautbautklaut

Aufgaben:

1. Lies die Wörter einmal Reihe für Reihe still und konzentriere dich dabei auf jeden Buchstaben.
2. Stelle dir einen anfahrenden Zug vor, der immer schneller wird, und lies die Wörter in dieser Weise Zeile für Zeile laut.
3. Flüstere und schreie die Wortreihen abwechselnd und öffne dabei den Mund so weit es geht!
4. Unterstreiche jeweils das Wort in jeder Reihe, das nicht zu den anderen passt.
5. Finde dazu ein anderes Reimwort, das nicht im Text steht!
6. Verbinde folgende Reimwörter zu einem sinnvollen oder spaßigen Satz und lies die Sätze dann vor:
   a) Tanz/Kranz/Gans
   b) Fuß/Gruß/Ruß
   c) klug/Zug/trug

Spuk

IneinemeinemeinemHausHausHausspukteesesesganzfürchterlich. JedejedejedeNachtNachtumumMitternachtumMitternachtum MitternachtrasselterasselteesesundklopfteklopftegegengegendieTürenundundundrüttelterüttelteeseseseanananndendendenFenstern. GlücklicherweiseglücklicherweisehattenhattendiedieHausbewohnerHausbewohnereineneinentiefenSchlafSchlafSchlaf. SiesiesiehörtennichtsnichtsnichtsundundundauchihrWachhund WachhundwarschonschonaltundeineineinbisschentaubtauB.

Aufgaben:

1. Lies den Text langsam durch und streiche alle mehrfach vorkommenden Wörter.
2. Lies die übrig gebliebenen Sätze einmal leise, dann laut vor.
3. Stimmen deine Sätze mit den unten stehenden überein? Berichtige sie ansonsten!
   a) In einem alten Haus spuckte es ganz fürchterlich.
   b) Jede Nackt um Mitternacht prasselte und klopfte es gegen die Türen und schüttelte es an den Fenstern.
   c) Glücklicherweise hatten die Hausbewohner einen miesen Schlaf.
   d) Sie hörten nichts und auch ihr Dachshund war schon ein bisschen taub.
4. Finde Wortverlängerungen zu
   a) Schlaf … b) Hund … c) Haus … d) Nacht …
5. Lies jetzt deine erfundenenWörter und verbinde sie im Kopf zu einer kurzen, spannenden Geschichte, die du erzählst.
6. Male ein Bild zu deiner Geschichte und lass dir das Bild von jemandem erklären.
7. Stimmt die Erklärung mit dem überein, was du auf dem Bild darstellen wolltest? Was ist anders, was fehlt?

Eierkuchen mit Gedächtnislücken

Ich kenne da ein leckeres, süßes Gericht, das man ganz schnell zubereiten kann. Leider kann ich mich nicht mehr genau an die Namen aller Zutaten erinnern. Ich versuche aber, sie euch zu beschreiben. Für 6–8 runde Eierkuchen braucht man:
- 6 von diesen weißen oder manchmal auch braunen ovalen Dingern, die die Hühner legen …
- einen halben Liter dieser weißen Flüssigkeit, die aus den Eutern der Kühe kommt, wenn man sie melkt …
- ungefähr 150 g von diesem weißen Puder, das sich ganz weich anfühlt und die Hände weiß macht, wenn man zum Beispiel Plätzchen darauf ausrollt, damit sie nicht am Küchentisch kleben bleiben …
- ungefähr 50 g von diesen weißen Körnchen, die man auch in Kaffee oder Tee oder zum Plätzchenbacken nimmt, damit alles schön süß schmeckt …

Man verrührt alles zu einem geschmeidigen Teig und gibt diesen dann mit einer kleinen Kelle in eine Pfanne. Vorher muss man aber etwas von diesem gelben Fett, das bei Hitze flüssig und brutzelig wird, in die Pfanne geben …
Dann brät man erst die eine Seite des Eierkuchens braun und dann die andere.
Alle runden Küchlein werden auf einem Teller gestapelt und warm gehalten.
Man isst sie mit einer Art Brei aus diesen Früchten, die im Herbst bei uns überall an den Bäumen hängen …
oder bestreut sie mit kleinen, süßen, weißen Körnchen …
und fertig!
Versteht ihr, was ich meine?

Na dann, guten Appetit!

Aufgaben:

1. Unser Koch hat ein paar Gedächtnislücken! Lies den Text einmal leise durch und schreibe die gesuchten Wörter hinter die Sätze.
2. Welche Zutaten braucht man, um Eierkuchen zu machen?
3. Finde (wenn möglich) den Plural zu den gefundenen Wörtern.
4. Warum kann man zu einigen Wörtern keinen Plural bilden?
5. Gib das Rezept jetzt noch einmal in eigenen Worten vom Schluss zum Anfang wieder:
   Bevor ich den Eierkuchen esse, bestreue ich ihn mit ... oder ... (Verwende dazu die Wörter *zuvor, davor, vor, bevor, am Anfang/zu Beginn)*
6. Verdecke jetzt den Text und kreuze die jeweils richtige Mengenangabe an:
   a) Das Eierkuchenrezept ist für
   – 4–5
   – 6–8
   – 8–10
   Personen berechnet.
   b) Man braucht

– 4 Eier	– 100 g Mehl	– 20 g Zucker
– 5 Eier	– 150 g Mehl	– 50 g Zucker
– 6 Eier	– 250 g Mehl	– 150 g Zucker

7. Finde jeweils zwei Reimwörter zu folgenden Verben aus dem Text: *verrühren, müssen, geben, braten*
8. Bilde jetzt die Befehlsform (den Imperativ) dazu, z. B. *verrühren: verühre!*
9. Male oder zeichne die Zubereitung des Eierkuchenrezeptes.
10. Schreibe dein Lieblingsrezept und seine Zubereitung in entsprechender Form auf, lies es jemandem vor und kocht es nach!

Geheimschrift

,enibaS ebeiL

.tfirhcsmieheG ni feirB nie tsi sad
!nennök nesel nhi tsllos ud ruN
.nebargegmu kcütsdnurG seuen resnu riw nebah nretseG
.nednufeg ehurtzloH etla enie hci ebah iebaD
!!!tkcedtne ztahcS nenie ebah hcI
.ehciE netla ruz rhU nebeis mu dnebA etueh mmoK
.tsi ehurT red ni saw, nnad rid egiez hcI
!nenuats tsriw uD
!rehhcan siB

nirtaK enieD

Aufgaben:

1. Kannst du die Geheimsprache dieses Briefes von Katrin an ihre Freundin Sabine lesen?
   Schreibe den Brief in richtiger Schrift auf, lies ihn dann einmal leise, einmal laut!
2. Welcher Satz stimmt? Verdecke den richtigen Text wieder und erinnere dich:
   a) Katrin hat einen Schatz
   - *beim Umgraben auf ihrem neuen Grundstück gefunden.*
   - *unter einer alten Eiche gefunden.*

   b) Sie schreibt den Brief in Geheimschrift, damit
   - *ihre Freundin ihn nicht lesen kann.*
   - *nur ihre Freundin ihn lesen kann.*

   c) Sabine soll sich mit ihr um sieben Uhr abends treffen, um
   - *den Schatz zu sehen.*
   - *den Schatz auszugraben.*

3. In dem folgenden Buchstabensalat sind fünf kostbare Dinge aus der Schatztruhe versteckt. Unterstreiche sie! (Du musst dabei von oben nach unten und von links nach rechts lesen.)

P A R M B Ä N D E R G
E D E L S T E I N E O
R E I E K R F A T Z L
L O S O K L S M E L D
E F Z H D S E A D C B
N W V X U I X N V Q D
F E E V S Q M T Ä F V

4. Hast du auch das Nahrungsmittel entdeckt?
   Tipp: In trockenem Zustand besteht es aus kleinen, harten Körnern, die beim Kochen aufquellen und sehr satt machen.
5. Wie viele Wörter findest du, um das Wort Schatz (lustig) zu verlängern?
   Beispiel: *Schatz – Schatzgräber – Schatzgräberehefrau – Schatzgräberehefraumutter …*
6. Lies deine Wörter jemandem vor und bitte um eine passende Erklärung! Berichtige falsche Erklärungen!

Der Fisch auf dem Geburtstagstisch

Auf Annas Geburtstagstisch
fand sich dieses Jahr ein Fisch!

Wie ist der dort hingekommen?
Woher kam er angeschwommen?

Zwischen Päckchen liegt er da,
zappelt hin und her fürwahr!

Schnell, geschwind, Kind, mach dich auf,
hurtig, spute dich beim Lauf!

Eine Schüssel musst du finden,
denn der Fisch soll sich nicht winden!

Wasser fix hineingefüllt,
sonst das Fischlein vielleicht brüllt …

Anna kommt zur rechten Zeit,
aus der Puste, schnell bereit …

packt das Fischlein an der Flosse,
tunkt es in die Wassergosse.

Und nun Anna glücklich sieht,
wie der Fischherr Bahnen zieht!

Aufgaben:

1. Lies das Spaßgedicht einmal leise und überlege dir dabei, welche Stellen du wie am besten beim Vorlesen betonen könntest.
2. Lies es jetzt jemandem vor!
3. Versuche beim zweiten Vorlesen besonders zu betonen, wie sehr Anna außer Atem ist!
4. Unterstreiche alle Wörter im Text, die die Bedeutung *schnell* haben.
5. Kennst du noch andere Wörter mit dieser Bedeutung?
6. Erzähle jetzt das kleine Ereignis in ganzen Sätzen nach.
7. Suche weitere Reimwörter zu folgenden Wörtern aus dem Text: *Fisch, Kind, Schüssel, Flosse*
8. Versuche jetzt, die Lücken in dem Gedicht aus der Erinnerung zu füllen

Der Fisch auf dem Geburtstagstisch

Auf Annas Geburtstagstisch
fand sich dieses Jahr ein ____________!

Wie ist der dort hingekommen?
Woher kam er ____________________?

Zwischen __________________ liegt er da,
zappelt hin und her fürwahr!

Schnell, geschwind, Kind, mach dich auf,
hurtig, spute dich beim ____________!

Eine _________________ musst du finden,
denn der Fisch soll sich nicht winden!

________________ fix hineingefüllt,
sonst das Fischlein vielleicht brüllt ...

Anna kommt zur rechten Zeit,
aus der ____________, schnell bereit ...

packt das Fischlein an der ____________,
tunkt es in die Wassergosse.

Und nun Anna glücklich sieht,
wie der _____________ Bahnen zieht!

Lauernde Wanzen beim Tanzen auf Mauern

A_F D_R M___R (UEAUE)
A_F D_R L___R (UEAUE)
S_TZT N__ KL__N_ W_NZ_ (IEEIEAE)

A_F D_R M___R (UEAUE)
A_F D_R L___R (UEAUE)
S_TZT N__ KL__N_ W_NZ_ (IEEIEAE)

S__H D_R M_L D__ W_NZ_ _N (IEIAIEAEA)
W__ D__ W_NZ_ T_NZ_N K_NN (IEIEAEAEA)

A_F D_R M___R (UEAUE)
A_F D_R L___R (UEAUE)
S_TZT N__ KL__N_ W_NZ_ (IEEIEAE)

Aufgaben:

1. Setze die Vokale in Klammern der Reihenfolge nach in die Lücken des Tanzliedes ein und sing/sprich es laut.
2. Was bedeutet der Ausdruck *auf der Lauer*?
   a) gespannt sein
   b) auf Beute warten
   c) vorsichtig sein
3. Welches Verb passt dazu?
   a) auf der Lauer ***sitzen***
   b) auf der Lauer ***stehen***
   c) auf der Lauer ***liegen***
   d) auf der Lauer ***sein***
   e) auf der Lauer ***knien***
4. Erkläre auch die Verben
   – *auf jemanden lauern*
   – *jemandem auflauern*

5. Welche beiden Bedeutungen hat das Wort *Wanze*? (Schlag eventuell im Lexikon nach!)
6. Konzentriere dich jetzt nur auf die Wörter *WANZE* und *TANZEN* und streiche beim Sprechen/Singen des ganzen Textes immer einen Buchstaben von hinten: *WANZ, WAN, WA, W.* Versuche auch, bei jeder Runde schneller zu werden, ohne dich zu verhaspeln!
7. Wie viele andere Reimwörter findest du zu *Wanzen/tanzen* ... und *Mauer/Lauer* ...?
8. Singe das Lied Silbe für Silbe abwechselnd mit einer zweiten Person und steigert dabei euer Tempo immer mehr!
9. Schreibe alle Wörter des Liedes in Form eines Kreises hintereinander ohne Abstand auf und trenne sie dann wieder durch einen Strich.
10. Male ein Bild zu dem Lied.
11. Schreibe aus den Reimwörtern aus Aufgabe 7 ein ähnliches Gedicht und lies oder sing es jemandem vor.

Schiffszwieback

Das Essen an Bord der Piratenschiffe war oftmals wirklich schlecht und die Mahlzeiten nicht gerade üppig! Frisches Fleisch gab es nicht, denn es hielt sich nicht lange auf den langen Seereisen. So mussten die Piraten oftmals auf getrocknete Erbsen und Schiffszwieback zurückgreifen, was auf die Dauer auch nicht immer so schmackhaft war!
Mit einem kräftigen Schluck Bier oder Wein sind die trockenen Bissen aber bestimmt besser gerutscht. Wasser war als Getränk nicht so beliebt, da es oftmals faulig schmeckte.
Trotzdem musste die Mannschaft einen großen Wasservorrat an Bord haben, denn Meerwasser ist für Menschen ungenießbar.
Möchtest du einmal ausprobieren, wie sich ein Pirat mit dieser Nahrung gefühlt hat?
Unsere Kochexpertin für Piratengerichte konnte mit einem echten Piraten sprechen, der ihr folgendes Rezept für Piraten-Schiffszwieback gab:
Du brauchst 450 g Vollkornmehl, einen halben Teelöffel Salz, so viel Wasser, dass ein fester Teig entsteht, eine Schüssel, eine Gabel und ein Nudelholz, ein Backblech und ein Messer.
Leider kam ein starker Sturm auf, als die beiden das Rezept besprachen und die Backanleitung ist etwas durcheinander geraten:

DenTeig30Minutenruhenlassen,dünnausrollen,aufeingefettetes BlechlegenundinQuadrateschneiden.

DasBlechindenOfenschiebenundbei215Grad30Minutenbacken

Dannherausnehmenundabkühlenlassen.

GibdieZutatenindieSchüsselundknetedarauseinenTeig.

Aufgaben:

1. Lies den ersten Textteil bis *ungenießbar* still und überprüfe, ob du alles verstanden hast. Kreuze dazu die richtigen Sätze an und berichtige die falschen:
   a) Die Piraten aßen kein Frischfleisch, weil sie keine Haustiere essen wollten.
   b) Sie ernährten sich oft von getrockneten Erbsen und Zwieback, weil diese Lebensmittel lange aufbewahrt werden konnten.
   c) Sie brauchten keine Trinkwasservorräte, denn sie konnten Meerwasser trinken.
2. Unterstreiche die richtige Bedeutung der Adjektive.
   a) üppig: *viel/wenig/schlecht*
   b) nicht so schmackhaft: *nicht so lecker/ohne Geschmack/lecker*
   c) ungenießbar: *giftig/schlecht für die Gesundheit/nicht verdaulich*
3. Lies jetzt den zweiten Teil des Textes still.
4. Trenne die einzelnen Wörter der Backanleitung mit einem Stift voneinander ab und bring sie in die richtige Reihenfolge.
5. Lies jetzt die Zutaten und die Backanleitung für den Schiffszwieback in der richtigen Reihenfolge laut vor.
6. Unterstreiche alle Wörter im Text, die das Wort *Piraten* enthalten.
7. Schreibe die Wörter untereinander und suche weitere Wortzusammensetzungen mit *Piraten* …
8. Verdecke den zweiten Textteil. Kannst du dich an die Zutaten und Geräte erinnern, die man braucht, um Schiffszwieback zu backen?

Zutaten:	Geräte:
450 g ________	eine Sch__________
½ TL ________	eine G__________
W__________	ein N__________
	ein B__________
	ein M__________

9. Welches andere Lebensmittel verdirbt auch nicht so schnell und könnte ein guter Piratenschmaus sein? Suche ein Rezept dafür.

Schulfreunde und -freundinnen

In meine Klasse gehen viele verschiedene Kinder: ________ hat Kontaktlinsen und ________ trägt eine Brille. ________ ist Linkshänder, aber er malt mit der rechten Hand. ________ wird morgens immer von ihrer Mutter zur Schule gebracht. ________ kommt meistens mit dem Fahrrad. ________ hat einen Bruder und eine Schwester. ________ und ________ sind nicht in Deutschland geboren. ________ hat einen Hund, und ________ einen Vogel als Haustier. Die Augen von ________ sind blau, und ________ spielt ein Instrument. Die Beste in Sport ist ________, dafür ist sie in Mathe aber schlechter als ________. ________ hat die längsten Haare aus meiner Klasse, und ________ liest am besten von uns allen.

Aufgaben:

1. Lies den Text still und setze passende Namen deiner Klassenkameradinnen und -kameraden in die Lücken. Verwende jeden Namen nur einmal!
2. Lies jetzt den Text vom letzten bis zum ersten Satz.
3. Wie viele Kinder konntest du aufzählen?
4. Nenne alle Körperteile, die im Text stehen.
5. Welche anderen »Sehhilfen« außer Brillen und Kontaktlinsen kennst du noch?
6. Welche anderen Haustiere hast du und/oder die Kinder in deiner Klasse?
7. Verlängere das Wort Fahrrad zu sechs neuen Wörtern, z. B. *Fahrradwerkstatt* …
   Du bekommst jeweils einen Punkt pro Buchstabe, aber nur bei »echten« Wörtern und wenn du sie richtig vorgelesen hast!
8. Zähle mit einem Freund/einer Freundin abwechselnd um die Wette alle Mitglieder auf, die zu einer Familie gehören können. Wer findet die meisten?

Kartenspielrätsel

***** ist ein Kartenspiel, das man zu dritt oder mit mehreren Personen spielen kann. Alle Spieler bekommen gleich viele Karten, nur einer bekommt eine zusätzliche Karte.
Die Karten haben Bilder, die immer doppelt vorkommen oder es sind Paare, die zusammenpassen. Eine Karte zeigt den *****. Ihn gibt es nur einmal.
Jetzt ziehen die Spieler abwechselnd im Uhrzeigersinn voneinander jeweils eine Karte. Haben sie ein Paar, dann legen sie die beiden passenden Karten vor sich offen auf den Tisch.
Wenn jemand den ***** hat oder zieht, versucht er ihn neu unter seine Karten zu mischen und ganz schnell wieder los zu werden. Die anderen passen auf, denn sie wollen ihn auch nicht ziehen! Wer als Erster keine Karten mehr hat, hat gewonnen. Wer zuletzt den ***** in den Händen hält, hat verloren!

Aufgaben:

1. Lies den Text leise und nenne den Namen des Kartenspiels!
2. Warum kann man das Spiel nicht mit zwei Personen, sondern erst ab drei Personen spielen?
3. Warum bekommt ein Spieler eine Karte mehr als die anderen?
4. Was heißt *im Uhrzeigersinn*?
   a) rechts herum oder *b) links herum*
5. Wann darf ein Spieler seine Karten auf den Tisch legen?
6. Wie gewinnt man bei diesem Spiel?
7. Unterstreiche den richtigen Satz:
   a) Wer nur noch den Schwarzen Peter in der Hand hat, hat verloren.
   b) Wer den Schwarzen Peter zieht, hat verloren.

Freche Stücke!

Kannst du Möbel rücken, Veilchen pflücken, Daumen drücken,
Schwerter zücken, Torten stücken, Hühnerküken?

Dann rück die Möbel, pflück die Veilchen, drück die Daumen,
zück die Schwerter, stück die Torten, kük die Hühner!

Kannst du auch Koffer packen, Plätzchen backen, Nägel lacken,
Fächer zacken?

Dann pack die Koffer, back die Plätzchen, lack die Nägel,
zack die Fächer!

Willst du Flugzeug fliegen, Goldstaub wiegen, Löffel biegen,
Gegner hieben?

Dann flieg das Flugzeug, wieg den Goldstaub, bieg den Löffel,
hieb den Gegner!

Aufgaben:

1. Lies das Spaßgedicht einmal laut in deinem normalen Tempo, dann ein zweites Mal schneller und ein drittes Mal so schnell du kannst, ohne dich zu versprechen.
2. Unterstreiche die Ausdrücke, die es nicht gibt und das Wort, das sich nicht reimt.
3. Tausche sie durch Ausdrücke aus, die sich mit den anderen der Reihe reimen.
4. Schreibe zehn Dinge auf, die man in einen Koffer packen kann, und lies sie laut vor.
5. Was kann man noch mit *Flugzeugen* und *Löffeln* tun? Finde weitere Verben.

Die Geheimkammer

Die achtjährige Leila war eine echte Prinzessin. Alle ihre Freundinnen und Freunde beneideten sie darum, aber sie trug weder eine goldene Krone noch aß sie von silbernen Tellern. Sie war noch nicht einmal reich.
Das wunderschöne schneeweiße Schloss der Familie wurde vor langer Zeit durch ein Erdbeben zerstört und nur in Teilen wieder aufgebaut.
Eigentlich gab es gar kein ganzes Schloss mehr, sondern nur noch kleine einzelne Gebäude, die verstreut in einem wilden Schlosspark lagen.
Jedes dieser Mini-Schlösser hatte nur zwei Zimmer.
Leilas Schlösschen war schweinchenrosa gestrichen und wurde von ihr und ihrem Hund Fipps bewohnt.
Neben ihrem Wohn- und Schlafzimmer gab es dort noch eine kleine Kammer, die aber für Leila strengstens verboten und immer abgeschlossen war. Leila wusste auch nicht warum, aber so war es immer gewesen.
Leilas Eltern wohnten in dem kleinen sonnengelben Schloss nebenan und ihre älteren beiden Geschwister teilten sich ein pfefferminzgrünes Gebäude etwas weiter entfernt.
Tagsüber ging Leila wie alle anderen Kinder in die Schule. Nachmittags spielte sie mit ihren rotbackigen Freundinnen und Freunden oder machte mit ihren Eltern und Geschwistern Ausflüge und Bootsfahrten im Schlosspark. Abends aß die Familie zusammen in dem kornblumenblauen Schlösschen am Ende des Parks. Dort waren nämlich die Küche und das Speisezimmer untergebracht. Danach las Leila dann meistens noch ein bisschen in ihrem walnussbraunen Himmelbett oder sah durch das Fenster in ihrer Zimmerdecke zu den silbernen Sternen hinauf. Nachts wurde sie von ihrem rotbraunen Vierbeiner bewacht.
Eines Tages machten sich Leilas Eltern und Geschwister auf den Weg zu einem Besuch bei Leilas rothaariger Tante Adelheid.

Leila mochte Tante Adelheid nicht so gerne, weil sie bei ihr immer pechschwarze, schlammige Grütze essen musste, die zwar gut schmeckte, aber scheußlich aussah. Deshalb sagte sie, sie habe zu viele Schulaufgaben auf und blieb zu Hause. Erst erledigte sie alle ihre Arbeiten, dann spielte sie mit Fipps, doch schließlich fing sie an, sich zu langweilen. Sie schlich wie ein Kätzchen von Zimmer zu Zimmer und blieb schließlich vor der Kammer stehen. Erst zögerte sie, denn sie musste an das Verbot denken, doch dann drückte sie die Klinke vorsichtig hinunter. Überrascht merkte sie, dass das Schloss nachgab und die Tür quietschend aufging. Mit klopfendem Herzen öffnete Leila die dunkelrote Tür einen kleinen Spalt, um nur einen winzigen Blick in die Kammer dahinter zu werfen ...
Sie zuckte zusammen!

Aufgaben:
1. Lies den Text einmal leise in deinem eigenen Lesetempo.
2. Kreuze die richtigen Sätze an:
   a) Leila ist eine reiche Prinzessin und wohnt mit ihren Eltern in einem Schloss.
   b) Die Familie besitzt viele Schlösser in einem Schlosspark.
   c) Leila geht wie alle ihre Freundinnen und Freunde in die Schule.
   d) Sie wohnt mit ihrem Hund Fipps zusammen, der auf sie aufpasst.
   e) Leila möchte Tante Adelheid nicht besuchen, weil sie dort Grütze essen muss.
   f) Sie bleibt allein, macht Schulaufgaben und läuft mit ihren Kätzchen durch die Zimmer.
   g) Sie versucht, in die verschlossene Kammer einzubrechen.
   h) Leila hat keine Geschwister.
3. Berichtige die falschen Sätze.

4. Beantworte folgende Fragen zum Text:
   a) Warum wohnt Leila in einem kleinen Schloss?
   b) Was macht sie nachmittags und abends?
   c) Warum öffnet Leila die Tür zu der Kammer?
5. Wie viele und welche Farben sind im Text versteckt? Unterstreiche und lies sie!
6. Finde alle Farbtöne, die aus mehreren Wörtern zusammengesetzt sind, z. B. *pechschwarz* (*Pech* und *schwarz*) und bilde neue, also z. B. *feuerrot* statt *dunkelrot.*
7. Erzähle die Geschichte in einigen Sätzen zu Ende: Was sieht und findet Leila in der geheimnisvollen Kammer?
8. Ein *Schlösschen* ist ein kleines Schloss und ein *Kätzchen* eine kleine Katze.
   Finde die entsprechenden Verkleinerungsformen zu fünf weiteren Substantiven aus dem Text und lies sie mehrmals hintereinander, z. B. *Türchen, Kämmerchen, Zimmerchen.*
9. Lies auch folgende Wörter hintereinander und erkläre sie anschließend: *Röschen, Würstchen, Stövchen, bisschen, Kleckschen, Tantchen, Schuhchen, Mätzchen.*
10. In folgende Sätze aus dem Text haben sich falsche Verben eingeschlichen. Ersetze sie durch die richtigen oder gleich bedeutende, falls du dich nicht mehr genau erinnern kannst:
    a) Das wunderschöne schneeweiße Schloss der Familie wurde vor langer Zeit durch ein Erdbeben aufgefressen.
    b) Eigentlich gab es gar kein ganzes Schloss mehr, sondern nur noch kleine einzelne Gebäude, die verstreut in einem wilden Schlosspark saßen.
    c) Tagsüber schlief Leila wie alle anderen Kinder in der Schule.
    d) Abends futterte die Familie zusammen in dem kornblumenblauen Schlösschen am Ende des Parks.
    e) Mit klopfendem Herzen schloss Leila die dunkelrote Tür einen kleinen Spalt um nur einen winzigen Blick in die Kammer dahinter zu schleudern …

So ... wie

So langsam wie eine Biene
So hungrig wie ein Haus
So fleißig wie eine Nadel
So sauer wie eine Zitrone
So stolz wie ein Stein
So schnell wie ein Schnecke
So leicht wie eine Made
So weiß wie ein Faden
So hoch wie ein Löwe

So hell wie ein Tiger
So spitz wie eine Sonne
So hart wie ein Pfau
So klein wie ein Ofen
So warm wie ein Floh
So kalt wie ein Sturm
So dick wie eine Feder
So dünn wie Schnee
So laut wie Eis

Aufgaben:

1. Lies den Text einmal leise. Was stimmt nicht? Stelle passende Vergleiche her!
2. Lies die richtige Lösung jetzt laut mit passender Gestik und Mimik vor.

So leicht wie eine Feder
So weiß wie Schnee
So hoch wie ein Haus
So hell wie die Sonne
So spitz wie eine Nadel
So hart wie ein Stein
So langsam wie eine Schnecke
So hungrig wie ein Löwe
So fleißig wie eine Biene

So klein wie ein Floh
So warm wie ein Ofen
So kalt wie Eis
So dick wie eine Made
So dünn wie ein Faden
So laut wie ein Sturm
So sauer wie eine Zitrone
So stolz wie ein Pfau
So schnell wie ein Tiger

3. Unterstreiche alle Substantive rot und alle Adjektive blau und lies die Wörter von oben nach unten: Substantive laut, Adjektive leise, dann umgekehrt.
4. Finde weitere Vergleiche, z. B. *So schnell wie der Blitz ...*

Texte, Übungen und Aufgaben für die Klassenstufe 5/6

Abwechslungsreiche und kreative Übungen helfen bei der Entwicklung der Lesefähigkeiten.

Schweinerei oder Osterei?

Pausenhof/Bauernhof/Königshof/Bischof
Meckerei/Schweinerei/Hexerei/Osterei
Grüner Hering/Ehering/Bismarckhering/Sahnehering
Hofschwein/Wildschwein/Meerschwein/Tischwein
Schiffsauge/Matschauge/Fettauge/Seifenlauge

Aufgaben:

1. Konzentriere dich auf alle Buchstaben und lies die Wörter laut und richtig vor.
2. Unterstreiche das Wort, das nicht zu den anderen passt.
3. Erkläre folgende Wörter:
   - *Königshof*
   - *Meckerei*
   - *Tischwein*
   - *Fettauge*

   Wenn du ein Wort nicht kennst, dann schlag es in deinem Wortschatz nach.
4. Suche dir jeweils ein Wort aus jeder Reihe aus und bilde einen Satz damit.
5. Schaffst du es, alle Wörter einer Reihe zu einem (lustigen?) Satz zu verbinden?
6. Lies deine Sätze jemandem vor.
7. Verbinde jetzt die Wörter kunterbunt zu neuen Wörtern, z. B. *Hexenhof*, *Königswein* … Wie viele neue Wörter findest du? Lies sie alle vor.

Stadt, Land …

Hamburg Paris Hannover München Weimar Düsseldorf Afrika
Leipzig Frankfurt Essen Rostock Bonn Köln Erfurt Stuttgart
Bochum Kassel Schweden Heidelberg Kiel London Hameln
Oranienburg Australien Cottbus Bamberg Türkei Berlin
Schweinfurt Potsdam Wiesbaden Magdeburg Europa

Aufgaben:

1. Lies alle Namen einmal still.
2. Wie viele Städtenamen hast du gelesen?
3. Markiere die Städte, die nicht in Deutschland liegen, mit einem Sternchen.
4. Welche Namen bleiben übrig und wofür stehen sie?
5. Welche Städtenamen aus der Liste beginnen mit dem gleichen Anfangsbuchstaben?
6. Kennst du weitere Städtenamen mit diesen Buchstaben?
7. Wo liegen diese Städte?
8. Setze in den Lückentext die richtigen Anfangsbuchstaben für die Städte ein und lies ihn dann vor.

In ___amburg gibt es einen großen Fischmarkt und das ___ünchener Oktoberfest ist weltbekannt.
___ondon ist die Hauptstadt von England und in ___aris steht der Eiffelturm.
Schiller und Goethe waren berühmte deutsche Dichter, die lange Zeit in ___eimar gelebt haben und der Rattenfänger kam aus ___ameln.
In ______weinfurt gibt es auch nicht mehr Schweine als in anderen Städten und ___eidelberg ist mehr für seine schöne Umgebung als für Heidelbeeren bekannt.
Ein Stück der Mauer zwischen Ost und West in ___erlin steht noch zur Erinnerung und in ___rankfurt findet jedes Jahr eine große Buchmesse statt.

9. Decke den ausgefüllten Lückentext jetzt ab: Wie viele und welche Städte wurden genannt?
10. Schreibe zu jeder genannten Stadt einen Stichpunkt auf, z. B. *Hamburg: Fischmarkt.*
11. Fasse jetzt den kleinen Text mit Hilfe deiner Stichwörter für jemanden kurz mündlich zusammen.
12. Unterstreiche alle Ländernamen mit einer anderen Farbe und schreibe die jeweilige Hauptstadt daneben.
13. Wie viele Kontinente werden genannt? Welche fehlen? Schreibe sie auf und schreibe jeweils eine Stadt von jedem Kontinent daneben. Lies alle Namen laut vor.
14. Suche dir aus dem Text fünf Städte heraus und schreibe sie untereinander. Wie nennt man ihre Bewohner? (Bsp.: *Hamburg – Hamburger*). Lies alles laut vor.
15. Schlage im Atlas nach, wo die deutschen Städte im Text liegen und trag sie auf der Achse ein:

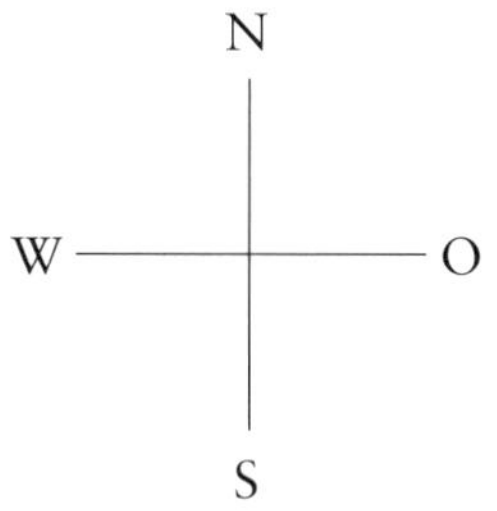

16. Diktiere jemandem die Hälfte der Städtenamen und lass dir die andere Hälfte diktieren.
17. Wenn alles richtig ist, dann lies sie noch einmal von rechts nach links und von unten nach oben.

Henry, die Flugzeugmaus

Hallo, ich bin Henry!
Mein Schnäuzchen ist schon etwas zerknittert und meine Barthaare sind grau, aber wenn du mir in die Mäuseaugen siehst, Kleiner, dann weißt du, was ich in meinem Leben alles schon erlebt habe!
In meiner Jugend war das Fliegen noch eine neue und aufregende Erfahrung. Auf dem Flug von London nach Paris flogen z. B. vor allem berühmte Schauspieler oder Sportstars als Passagiere mit. Viele Flughäfen bestanden früher nur aus einer Graslandebahn und ein paar Zelten, in denen man die Fluggäste abfertigte. Bei der Einweihung des ersten Flughafens 1928 in London war ich schon dabei – allerdings noch als Mäusebaby!
Im Vergleich zu den heutigen Flugzeugen waren die ersten Passagierflugzeuge winzig. Sie beförderten oftmals nur 8–10 Personen und erst in den 30er Jahren des letzten Jahrhunderts tauschte man die nicht verschraubten Korbsessel gegen feste Sitze aus.
Ich kann mich noch an einen meiner ersten Flüge in der Reisetasche einer amerikanischen Filmschauspielerin erinnern. War das aufregend!
Die heutigen modernen Druckausgleichkabinen gab es ja noch nicht. So musste das Flugzeug tief fliegen und wir wurden bei Turbulenzen durcheinander gewirbelt. Ich weiß noch, wie mir ganz schwindelig und schwarz vor den Augen wurde. Zum Glück fand ich ein Stückchen Käse in der Tasche meiner Begleitung und kam wieder zur Besinnung!
Flog das Flugzeug höher, wurde es so kalt, dass mir fast die zarten Barthaare abfroren und alle wurden höhenkrank!
Auch auf den ersten Langstreckenflügen war ich dabei. Dafür benutzte man Flugboote, die wegen der weit auseinander liegenden Flughäfen auf dem Wasser zwischenlanden konnten. Auf diesen Flügen hatte ich für alle Fälle immer meine Wasserskier dabei! Weniger lustig war allerdings, dass es nachts wegen

Motorschäden oft zu Unterbrechungen kam. Dann hockte ich meist stundenlang in der Gepäckablage und konnte Däumchen drehen!
Mein Lieblingsplatz ist jedoch damals wie heute das Cockpit. Oftmals schleiche ich mich mit den Stewardessen durch die Tür zu den Piloten und staune jedes Mal wieder über die vielen Computer, Schalter und Anzeigetafeln auf so kleinem Raum, der für eine Maus wie mich allerdings immer noch groß wie ein Schloss ist – und mindestens ebenso aufregend!

Aufgaben:

1. Lies den Bericht Henrys über seine Abenteuer als Flugzeugmaus still durch.
2. Lies den Text jetzt einmal laut und betone ihn so, dass dein/e Zuhörer/in einen farbigen und lebhaften Eindruck von Henry und seinen Gefühlen bekommt.
3. Unterstreiche jetzt alle Informationen über das Fliegen.
4. Suche jeweils ein anderes Wort für *Stewardess* und *Cockpit* oder erkläre beide Wörter in wenigen Worten.
5. Welche Unterschiede zählt Henry zwischen dem Fliegen damals und heute auf?
6. Was begeistert ihn so am Cockpit?
7. Welche Aussagen treffen zu? Kreuze sie an.
   a) Henry flog schon als Baby zum ersten Mal mit einem Flugzeug.
   b) Er reiste als blinder Passagier in den Gepäcktaschen der Mitreisenden oder in der Gepäckablage mit.
   c) Henry ist ein junger, furchtloser Mäuserich, der vor nichts Angst hat.
   d) Am liebsten flog Henry in den verschraubten Korbsesseln, weil sich alles so schön drehte.
   e) Wenn ein Flugboot auf dem Wasser landete, packte Henry seine Badehose aus und ging schwimmen.

8. Berichtige die falschen Sätze.
9. Kannst du dich noch an die drei Zahlenangaben im Text erinnern?
   a) Wann wurde der erste Flughafen gebaut?
   b) Wie viele Personen fanden in den ersten Passagierflugzeugen Platz?
   c) Wann gab es die ersten festen Sitze in Flugzeugen?
10. Wie stellst du dir dein Traumflugzeug vor? Mache eine Skizze und beschreibe sie jemandem!
11. Unterstreiche das Wort/die Wörter, welche/s die Bedeutung des ersten Wortes am besten trifft:
    a) ein Schnäuzchen
    – *eine kleine Schnauze*
    – *eine kleine Nase*
    – *ein kleiner Mund*
    b) ein Passagier
    – *ein Reisender*
    – *ein Flugzeuggast*
    – *ein heimlich Reisender*
    c) jemanden befördern
    – *transportieren*
    – *mitnehmen*
    – *hinterlassen*
    d) zur Besinnung kommen
    – *ohnmächtig werden*
    – *wach werden*
    – *sich auf etwas besinnen*
12. Bilde die Infinitive zu folgenden Verbformen aus dem Text und lies sie vor: *abfroren, war, beförderten, gab, kam, heckte*
13. Bilde weitere Wortzusammensetzungen mit dem Wortbaustein *Flugzeug* ...

Belagerung!

Viele tausend Jahre lang spielten Burgen eine wichtige Rolle im Leben der Menschen. Die Burgmauern aus dicken Felsblöcken und Steinen sollten die Burginsassen vor anrückenden Feinden schützen. Sie beeindruckten aber auch durch ihre Größe und ihr mächtiges Aussehen die Verbündeten. Innerhalb dieser Mauern konnten die Menschen ein geschütztes Leben führen. Könige hielten in den Burgen Hof. Feinde versuchten, die Burgen zu erobern. Oftmals kam es zu Überraschungsangriffen. Wenn diese Angriffe nicht gelangen, dann wurde die Burg belagert. Das konnte Monate oder sogar Jahre dauern.
Entweder das feindliche Heer umstellte dabei die Burg und konnte eindringen oder die Burginsassen wurden ausgehungert.

Aufgaben:

1. Ziehe mit einem Bleistift eine Slalomlinie durch den Text von links oben bis rechts unten und lies den Text einmal schnell anhand dieser Linie durch.
2. Welche wichtigen Wörter sind dir in Erinnerung geblieben?
3. Fasse in einem Satz zusammen, wovon der Text erzählt.
4. Welche Personengruppen werden genannt und was tun sie?
5. Kreuze die richtige Bedeutung folgender Ausdrücke aus dem Text an:

   a) Ein *Burginsasse* ist
   – *ein Bewohner einer Burg*
   – *ein Gefangener einer Burg*
   – *der Besitzer einer Burg*

   b) jemanden beeindrucken heißt:
   – *vor jemandem angeben*
   – *jemanden beleidigen*
   – *von jemandem bewundert werden*

c) Verbündete sind
- *Freunde*
- *Feinde*
- *Verwandte*

d) Hof halten heißt:
- *den Hof sauber machen*
- *Gäste am Königshof empfangen*
- *den Königshof verteidigen*

e) etwas *belagern* bedeutet
- *umstellen*
- *ein Lager aufbauen*
- *ein Lagerfeuer anzünden*

f) ein *Heer* ist
- *ein vornehmer Mann*
- *eine Armee*
- *die Anrede für einen Mann*

6. Gestalte diesen Sachtext etwas lebendiger, indem du passende Adjektive für die Substantive findest und lies deinen Text jemandem vor. Welcher neue Eindruck entsteht?

Viele tausend Jahre lang spielten __________ Burgen eine wichtige Rolle im Leben der Menschen. Die Burgmauern aus dicken Felsblöcken und Steinen sollten die __________ Burginsassen vor anrückenden __________ Feinden schützen. Sie beeindruckten aber auch durch ihre __________ Größe und ihr mächtiges Aussehen die Verbündeten. Innerhalb dieser Mauern konnten die __________ Menschen ein geschütztes Leben führen. __________ Könige hielten in den Burgen Hof. Feinde versuchten, die Burgen zu erobern. Oftmals kam es zu __________ Überraschungsangriffen. Wenn diese Angriffe nicht gelangen, dann wurde die __________ Burg belagert. Das konnte __________ Monate oder sogar Jahre dauern. Entweder das feindliche Heer umstellte dabei die __________ Burg und konnte eindringen oder die Burginsassen wurden ausgehungert.

Rabe und Fuchs

_________ und _________ *(Fuchs/Wolf/Koalabär) (Adler/Rabe/Ameisenbär)*

Ein _________ *(Adler/Rabe/Ameisenbär)* hatte einen _________ *(Pudding/ Käse/Hamburger)* gestohlen, flog damit auf einen _________ *(Baum/ Schornstein/Hügel)* und wollte dort seine _________ *(Mahlzeit/Beute/ Süßigkeit)* in Ruhe fressen. Da _________ *(Adler/Raben/Ameisenbären)* aber beim _________ *(Reden/Essen/Fressen)* nicht schweigen können, hörte ein vorbeikommender hungriger _________ *(Fuchs/Wolf/Koalabär)* den _________ *(Adler/Raben/Ameisenbären)* über dem _________ *(Pudding/ Käse/Fisch)* krächzen.
Er lief eilig hinzu und begann den _________ *(Adler/Raben/Ameisen-bären)* zu loben: »Oh, _________ *(Adler/Rabe/Ameisenbär)*, was bist du nur für ein herrlicher _________ *(Typ/Vogel/Kerl)*! Wenn dein _________ *(Gezwitscher/Gekrächze/Gesang)* genauso schön ist, wie dein _________ *(Fell/Federkleid/Anzug)*, dann sollte man dich zum _________ *(Prinzen/König/Bettler)* der _________ *(Vögel/Fische/Bären)* krönen!«
Der _________ *(Adler/Rabe/Ameisenbär)* ließ sich gern von dem _________ *(Fuchs/Wolf/Koalabären)* umschmeicheln und er riss seinen _________ *(Mund/Schnabel/Hals)* auf, um dem _________ *(Fuchs/Wolf/Koalabären)* etwas vorzusingen. Dabei entfiel ihm der _________ *(Pudding/Käse/Fisch)*. Der _________ *(Fuchs/Wolf/Koalabär)* nahm ihn schnell zwischen seine _________ *(Zähne/Hände/Augen)*, fraß ihn auf und lachte über den _________ *(Adler/Raben/Ameisenbären)*.

(frei nach Äsop)

Aufgaben:

1. Wähle von den Vorschlägen in Klammern das passende Wort aus und schreibe es in die Lücke.
2. Lies jetzt die ganze Fabel leise. Ergibt sie einen Sinn?
3. Beschreibe die beiden Tiere mit jeweils vier passenden Adjektiven.
4. Was passiert zuerst und weiter? Bringe die folgenden Stichpunkte mit Nummern in die richtige Reihenfolge:
   - *Fuchs macht sich über Raben lustig*
   - *Rabe stiehlt Käse*
   - *Fuchs ist hungrig und hört krächzenden Raben*
   - *Rabe fühlt sich geschmeichelt*
   - *Fuchs will Käse*
   - *Fuchs schmeichelt dem Raben*
   - *Rabe singt und lässt dabei Käse fallen*
   - *Fuchs stiehlt Käse*
   - *Rabe fliegt auf Baum, um Beute zu fressen*
5. Erzähle jetzt die ganze Fabel noch einmal in eigenen Worten nach und überlege dir eine Moral dazu.
6. Vergleiche deine Moral mit diesen Vorschlägen: Welcher stimmt am meisten mit deiner Moral überein und warum?
   a) Man soll nichts stehlen, sonst wird man selbst bestohlen.
   b) Man soll nicht singen, sonst verhungert man noch.
   c) Raben sollten Füchsen nicht trauen.
   d) Man soll sich nicht schmeicheln lassen.

Milchprodukte

Früher gab es noch keine Kühlschränke und die Transportwege waren viel länger als heute. Frischmilch bleibt aber nicht lange frisch! Deshalb verkauften die Bauern haltbare Milchprodukte, z. B. gesalzene Butter und Käse.
Ein Dutzend Kühe erbrachten ungefähr 150 Liter Milch pro Tag. Um ein Kilo Butter herzustellen, braucht man den Rahm von 25 Litern Milch. Die Milch muss dazu in flachen Schüsseln säuern. Ab dem 16. Jahrhundert benutzte man in Europa Stampfbutterfässer. Der abgeschöpfte Milchrahm wurde in das Butterfass gefüllt. Mit einem langen Holzstiel wurde er so lange gestoßen, bis das Fett zusammengeballt war. Übrig blieb eine Flüssigkeit, die Buttermilch. Sie wurde abgegossen. Die Butter knetete man dann und spülte sie mit kaltem Wasser ab.
Die Sahne (der Rahm) ist der leichteste Bestandteil der Milch und schwimmt oben auf der Milch. Sie kann abgeschöpft werden. Früher wurde Milch aus Eimern in Milchläden verkauft. Man rührte die Milch vor dem Schöpfen um, damit nicht ein Kunde nur Sahne und der andere nur entrahmte Milch bekam!

Aufgaben:

1. Überfliege den Text einmal ganz schnell und notiere dir das wichtigste Wort, das mehrmals vorkommt.
2. Lies jetzt den Text ein zweites Mal in deinem eigenen Tempo. Unterstreiche dabei die Textstellen, in denen *Rahm*, *Buttermilch* und *entrahmte Milch* erklärt werden.
3. Erkläre jemandem diese Begriffe.
4. Fasse noch einmal in eigenen Worten zusammen, wie Butter hergestellt wird.
5. Welche anderen Milchprodukte kennst du noch?
6. Welche dieser Fragen werden im Text beantwortet?
   a) Warum rührte man die Milch vor dem Schöpfen um?

b) Warum wurde Milch früher in Eimern verkauft?
c) Wozu braucht man den Rahm von 25 Litern Milch?
d) Warum gab es früher keine Kühlschränke?

7. Kennst du auch die Antworten auf die Fragen in Aufgabe 6, die im Text nicht beantwortet werden?
8. Sind folgende Sätze richtig?
   a) Die Transportwege waren früher viel kürzer als heute.
   b) Frischmilch bleibt nicht lange frisch und wird schnell zu Käse.
   c) Für 150 Liter pro Tag braucht man die Milch von sechs Kühen.
   d) Ab dem 6. Jahrhundert benutzte man in Europa Stampfbutterfässer.
9. Schreibe dir anhand der Informationen aus dem Text sechs Stichpunkte über einen Tag im Leben eines Milchbauernjungen/eines Milchbauernmädchens auf und erzähle eine kleine Geschichte aus seinem/ihrem Alltag.

Geheimnisvolle Schnipsel

Kai und Stefan unternahmen an diesem Nachmittag eine kleine Fahrradtour durch den Nachbarort Lichtenberg. Vor einem kleinen Obst- und Gemüseladen machten sie halt, um sich etwas zu trinken zu kaufen, aber der Laden war leider schon geschlossen! Enttäuscht stiegen beide Jungen wieder auf ihre Räder. Kai war besonders durstig und war schon unterwegs nach Hause, als Stefan einen Brief auf dem Boden sah, den Kai wohl in der Eile verloren hatte. Er steckte den Umschlag ein, um ihn seinem Freund später zurückzugeben.
Als die beiden dann am Abend gemütlich bei einer Limonade zusammensaßen, fiel Kai der Brief wieder ein. Er zog ihn aus der Tasche und gab ihn Stefan.
Der konnte sich aber an keinen Brief erinnern, öffnete ihn erstaunt und den Jungen fielen folgende Papierschnipsel vor die Füße:

Hilfe!!! *Gemüse- und Obstladen* *Lichtenberg*

Kurz vor Ladenschluss *Geld in Kasse gezählt*

Plötzliche Geräusche *Zwei maskierte Männer* *In Sekunden*

Kasse gestohlen!

Papierschnipsel, Stift, Umschlag *vor mir auf Tisch*

Brief aus Fenster geworfen *Ladentür schon abgeschlossen*

Fenster offen *Große Hitze*

Durch das Fenster gesprungen *Mund verklebt*

Hände und Füße gefesselt

Mundpflaster abgegangen *Brief mit Lippen geschrieben*

Aufgaben:

1. Lies den Text und die einzelnen Wörter auf den Papierschnipseln.
2. Was hast du nach dem ersten Lesen verstanden? Entscheide, ob folgende Sätze richtig oder falsch sind:
   a) Kai und Stefan haben eine Fahrradtour durch ihr Städtchen gemacht.
   b) Sie wollten in einem Café etwas zu trinken bestellen, aber es war schon geschlossen.
   c) Abends tranken die Jungen eine Limonade zusammen.
   d) Kai gab Stefan den Brief, den Stefan verloren hatte.
   e) Stefan öffnete ihn und lauter Papierschnipsel fielen heraus.
3. Kannst du den Hilfebrief der Obst- und Gemüsehändlerin in die richtige Reihenfolge bringen? Nummeriere die Schnipsel dazu von 1–20.
4. Lies jetzt die Schnipsel in der richtigen Reihenfolge vor.
5. Verbinde die einzelnen Wörter zu ganzen Sätzen und erzähle, was passiert ist!
6. Welche Fehler haben die beiden Einbrecher gemacht?
7. Was sollen die beiden Jungen deiner Meinung nach tun?

Sommerblumen

Gestern bekam Frau Rose eine Dose mit lauter Blumensamen geschenkt: Sonnenflügel, Kornrade, Steinkraut, Fuchsschwanz, Knorpelmöhre, Färber, Hundskamille, Löwenmaul, Sommeraster, Ringelblume, Färberdistel, Kornblume, Flockenblume, Goldlack, Wucherblume, Goldblume, Sommerfuchsie, Mandelröschen, Koriander, Mädchenauge, Schmuckkörbchen, Hundszunge, Rittersporn, Kapkörbchen, Natternkopf, Sternenglimmer, Sommer-Azalee, Schierkraut, Sonnenblume, Strohblume, Schleifenblume, Trichterwinde, Staudenlein, roter Lein, Flachs, Lichtnelke, Pechnelke, Trichtermalve, Wunderblume, Jungfer im Grünen, Klatschmohn, Seidenmohn, Bienenweide, Sonnenhut, Leimkraut, Studentenblume, Zinnie.

Aufgaben:

1. Lies den Text nach dem Einleitungssatz Silbe für Silbe laut und langsam vor.
2. Lies ihn jetzt noch einmal von hinten nach vorne, indem du die erste Silbe von jedem Wort besonders betonst.
3. Unterstreiche alle Blumennamen, die aus zwei Wörtern bestehen, die du kennst.
4. Zeichne eine dir bekannte Blume aus der Wörterliste im Text (oder deine Vorstellung einer unbekannten).
5. Welche Blumennamen bleiben übrig?
6. Bilde fünf neue Fantasieblumen aus den Wörtern *Löwe, Auge, Sonne, Hut, Klatsch, Körbchen, Gold, Röschen, Blume, Bienen*.
7. Schreibe die neuen Namen auf und dahinter jeweils zwei Adjektive, die sie beschreiben, z. B. *Strohnelke: gelblich, ausgefranst*. Lies es jemandem vor.

Ein Schokoei im Mai

Im schönen, warmen, sonnigen Monat Mai
ging ein nettes, hübsches, fröhliches Mädchen spazieren.
Sie fand ein vergessenes, rot-goldenes Osterei,
und tat sich darüber gar mächtig und lange amüsieren.

Schnell steckte sie es in ihre große, bunte, karierte Tasche
zu einem Stück leckeren, saftigen Kuchen und einer grünen Flasche.
Doch die starke, heiße Sonne machte aus ihrem hübsch verpackten Ei
einen in bunte, gold-rote Folie gewickelten Schokoladenbrei!

Aufgaben:

1. Lies das Gedicht einmal leise und dann laut. Flüstere dabei alle Adjektive und andere Beifügungen und lies nur den Rest laut.
2. Welches neue Gedicht ergeben die laut vorgelesenen Wörter?
3. Finde jeweils zwei neue passende Adjektive zu den folgenden Substantiven
   - *Mai*
   - *Mädchen*
   - *Osterei*
   - *Tasche*
   - *Flasche*
   - *Sonne*

(Lösung: Im Monat Mai ging ein Mädchen spazieren. Sie fand ein Osterei und tat sich darüber amüsieren. Schnell steckte sie es in ihre Tasche zu einem Stück Kuchen und einer Flasche. Doch die Sonne machte aus ihrem Ei einen Schokoladenbrei!)

4. Ergänze jetzt um die Wette mit einer zweiten Person das folgende Gedicht mit einem Satzbaustein aus der Klammer unter jedem Vers. Guckt dabei nicht voneinander ab!

Ein ____________________ Hut
(ängstlicher, trauriger, kleiner, bescheidener)
fasste sich ____________________ Mut
(großen, ein wenig, endlich einmal, viel, eine Mütze)
Und flog vom Kopfe seines ____________________ Herrn
(strengen, netten, kahlen, vertrauten, alten)
auf einen weit entfernten ____________________ Stern.
(geheimnisvollen, roten, leuchtenden, einsamen, kalten)

Dort schaute er sich ____________________ um,
(suchend, frierend, neugierig, gespannt)
doch stand dort nichts ____________________ herum!
(Interessantes, Lebendiges, Schönes, Bekanntes)
Da machte er schnell ____________________ kehrt,
(auf der Stelle, wieder, auf dem Hutrand)
das war es doch alles nicht ____________________ wert!
(wirklich, ernsthaft, für Herrn und Hut)

5. Lest euch gegenseitig eure Gedichtversionen vor und begründet eure Auswahl!
6. Lest mit passender Betonung eure Gedichte einer dritten Person vor und lasst diese entscheiden und begründen, welches Gedicht das beste ist.

5-Minuten-Muffins

Willst du deine Freunde und Freundinnen mit 12 leckeren Muffins überraschen?
Du hast nicht viel Zeit und musst noch viele Hausaufgaben machen, bevor sie kommen? Wie wär's mit 5-Minuten-Muffins? Schau auf die Uhr und du wirst sehen, dass du ruckzuck alles im Ofen hast!
Kauf eine Muffinsbackmischung. In der Packung findest du 300 g Backmischung, 60 g Schokostückchen und 12 Papierbackförmchen. Du brauchst jetzt nur noch 1 mittelgroßes Ei, 150 ml Wasser und 50 ml Speiseöl.
Stell die Papierförmchen auf das Backblech und heize den Ofen auf 200 Grad vor.
Die Backmischung gibst du in eine Rührschüssel. Du fügst das Ei, Wasser und Öl hinzu und verrührst alles zu einem glatten Teig. Die Schokoladenstückchen gibst du bis auf einen gehäuften Esslöffel dazu.
Mit zwei Esslöffeln füllst du die Hälfte der Förmchen gleichmäßig mit dem Teig. Danach streust du die restlichen Schokostückchen über jedes Förmchen.
Schon bist du fertig und schiebst alles auf die mittlere Schiene in den Backofen. In ungefähr 20 Minuten kannst du die Muffins dann aus dem Ofen holen, sie noch abkühlen lassen oder gleich servieren!
Hast du auf die Uhr geschaut? Siehst du!

Aufgaben:

1. Lies den Text einmal still.
2. Markiere mit einem Bleistift die Stelle, wo das eigentliche Rezept anfängt.
3. Fasse in eigenen Worten in einem Satz zusammen, was in der Einleitung gesagt wird.
4. Schraffiere jetzt den Rezeptteil blau und den Anleitungsteil grün und decke den Text dann zu.
5. Wie viele Zutaten waren in der Packung und was braucht man noch zusätzlich?
6. Unterstreiche alle Verben im Anleitungsteil.
7. Schreibe jetzt in weiteren neun Stichpunkten den Vorgang in Infinitiven auf.
   1. Backmischung in Rührschüssel geben
   2. …
8. Was bedeutet der letzte Satz?
9. Lies den ganzen Text ein letztes Mal genau durch und verdecke ihn dann. Kannst du dich an alle Zahlen erinnern? Unterstreiche die richtigen Angaben!
   - *8, 7, 12 Muffins*
   - *5-Minuten-Muffins, 10-Minuten-Muffins, 12-Minuten-Muffins*
   - *100 g, 300 g, 150 g Backmischung*
   - *6 g, 60 g, 600 g Schokostückchen*
   - *8, 7, 12 Papierbackförmchen*
   - *1 Ei, 2 Eier, 3 Eier*
   - *150 g, 150 ml, 150 l Wasser*
   - *50 ml, 150 ml, 250 ml Speiseöl*
   - *200, 100, 150 Grad*
   - *20, 30, 40 Minuten*
10. Fertige eine Skizze zu den Handlungsabläufen in zehn Schritten an.

Die Dinos sind zurück!

Sandra drückte ihre Freundin mit einer plötzlichen Handbewegung zu Boden und warf sich dann selbst auf den Bauch.
Sie flüsterte leise: »Na, sieh dir das an! Und in der Schule erzählen sie uns, die Dinosaurier sind ausgestorben!«
Ihre Freundin Marina starrte mit Schrecken auf das riesige Loch in der Hecke im hinteren Teil des Gartens und stotterte entsetzt: »Ein Dino-Dino-was?«
Sandra robbte sich ein wenig nach vorn, um das massige Tier zwischen den Heckenbüschen besser sehen zu können: »Ein Dinosaurier! Er sieht genauso aus wie der Stacheldinosaurier aus meinem Buch!«
Marina schreckte zusammen: »Geh nicht zu dicht heran, er sieht schon zu uns hinüber!«
Aber Sandra war zu aufgeregt über ihre Entdeckung: »Stell dir vor, wir haben einen überlebenden Dino gefunden! Vielleicht ist er erst vor kurzer Zeit aus einem vergessenen Ei geschlüpft und jetzt auf Nahrungssuche!«
Marina krächzte ängstlich zurück: »Auf Nahrungssuche? Sind Stachelsaurier etwa Fleischfresser?«
Sandra schüttelte vorsichtig den Kopf, damit das Tier nicht auf sie aufmerksam wurde: »Nein, es sind Pflanzenfresser und als Schutz vor den Fleischfressern haben sie einen Panzer aus abstehenden Stacheln und Platten an Rücken und Schwanz, siehst du?«
Sie zeigte mit dem Finger in Richtung Hecke.
Marina wurde langsam unruhig: »Was sollen wir tun? Wir können doch nicht den ganzen Tag hier liegen bleiben! Wir müssen die Polizei, den Zoo, einen Tierarzt oder vielleicht den Tierschutzverband benachrichtigen!«
Sie wurde immer lauter.
Sandra legte den Finger an die Lippen: »Pst, jetzt hast du ihn auf uns aufmerksam gemacht!«
Mit einem Sprung war sie in der Hocke und dann auf den Beinen.

Marina sprang ebenfalls auf und schrie: »Es kommt direkt auf uns zu und denkt vielleicht, wir sind zwei knusprige Pflänzchen!« »Jetzt aber nichts wie weg hier«, rief Sandra und rannte los wie ein geölter Blitz, »sonst enden wir noch als Mahlzeit eines Dinos, bevor wir wissen, ob es einer ist!«

Aufgaben:

1. Lies den Text still und stell dir mit geschlossenen Augen vor, wie
   a) die beiden Mädchen den Dinosaurier beobachten.
   b) wie der Dinosaurier aussehen mag.
2. Male ein kleines Bild von der Szene im Garten dazu.
3. Welche Adjektive beschreiben die beiden Mädchen gut, welche nicht (so) gut? Begründe!
   a) Marina ist *ängstlich, feige, zurückhaltend, überrascht, aufgeregt, vorsichtig*
   b) Sandra ist *mutig, tapfer, neugierig, unvorsichtig, aufgeregt, schlau, langsam*
4. Wie bewegt sich Sandra, wenn sie *robbt*? Nenne drei andere Verben der Fortbewegung bei Tieren!
5. Warum geht Sandra dichter an das Tier heran?
6. Hat sie eine Idee, woher der Dinosaurier kommen könnte?
7. Warum denkt sie, dass es ein Stachelsaurier ist?
8. Wovor hat Marina Angst?
9. Welche Vorschläge macht sie?
10. Was passiert am Ende des Textes?
11. Wie könnte die Geschichte weitergehen?
12. Erzähle jetzt noch einmal jemandem die ganze Geschichte mit dir selbst als Hauptperson und erfinde noch ein bis zwei spannende Ereignisse dazu!
13. Schlag in einem Buch über Dinosaurier nach und finde noch jeweils zwei Beispiele für Fleisch und Pflanzen fressende Dinos.

Rudi Radler

Manche Fahrradfahrer fahren Rad, um von einem Ort zum anderen zu gelangen. Aber nicht Rudi Radler!
Jeden Morgen strampelt er den steilen Hang hinter seinem kleinen Häuschen hinauf. Das dauert eine halbe Stunde. Danach fährt er eine lange Strecke durch Wasser und Schlamm. Dafür braucht er eine ganze Stunde.
Anschließend legt er viele Kilometer auf einer Landstraße zurück. Nach zwei weiteren Stunden kommt er zu einem kleinen Wäldchen. Dort fährt er querfeldein über Wurzeln, holpriges Gelände und durch das Dickicht bis zu einem kleinen See. Rudi springt vom Rad und in das Wasser und erfrischt sich. Danach trinkt er ein Spezialgetränk aus zwei Flaschen und isst vier Bananen.
Schließlich schwingt er sich wieder auf sein Rad und fährt so zurück, wie er gekommen ist. Zu Hause tauscht er sein gelbes Trikot gegen ein grünes aus, legt sich ins Bett und träumt von der *Tour de France*.

Aufgaben:

1. Lies den Text still durch.
2. Markiere jede Etappe von Rudis Fahrradtour mit einer anderen Farbe.
3. Sternchen anstatt Vokale! Kannst du die beiden Sätze aus dem Text trotzdem lesen?

R*d* R*dl*r

M*nch* F*hrr*df*hr*r f*hr*n R*d, *m
v*n **n*m *rtz*m *nd*r*n
z* g*l*ng*n. *b*r n*cht R*d* R*dl*r!

4. Erzähle rückwärts bis zum Anfang: Was tat Rudi, bevor er sich zu Hause ins Bett legte? Und davor ...?
5. Was für ein Fahrrad braucht Rudi für seine Tour?
   a) Mountainbike
   b) Straßenrennrad
   c) Klapprad
   d) Dreirad
   e) Wagenrad
6. Wie heißt das größte Straßenradrennen überhaupt, von dem Rudi träumt?
7. Informiere dich darüber, wann und wo es jährlich stattfindet.
8. Welches Trikot gibt es am Ende jeden Tages für die drei Spitzenfahrer dieses Straßenrennens?
   – ein *besgel* für den Spitzenreiter
   – ein *tetespunktgerot* für den Besten auf Bergstrecken
   – ein *nesgrü* für den Punktbesten im Spurt

Die Entdeckung des Feuers

Vor ungefähr einer Viertelmillion Jahren entdeckten die Frühmenschen das Feuer.
Es entstand dadurch, dass sie zwei Stöcke schnell aneinander rieben, bis sich das Feuer entzündete.
Für ihre Forschungen müssen sich die Anthropologen an Beobachtungen bei jüngeren Naturvölkern halten, denn aus dieser lange zurückliegenden Zeit sind keine Gegenstände zum Feueranzünden mehr erhalten. Alternativen zu den Stöcken für das Feuermachen sind der Feuerstein, der Feuerpflug oder das Reibholz.
Feuer diente früher nicht nur zum Wärmen, sondern es hielt auch wilde Tiere vom Lager fern und wurde zur Essenszubereitung und zum Härten von Werkzeugen benutzt.
Außerdem kamen die Frühmenschen gern um eine Feuerstelle zusammen, da sie hier warm und gemütlich beisammen sein konnten – was auch den heutigen Menschen noch gut gefällt!

Aufgaben:

1. Lies den Text einmal still und sage in einem Satz, worum es im Text geht.
2. Unterstreiche alle Wörter, die mit *Feuer* zu tun haben.
3. Schreibe das Wort *Feuer* in die Mitte und diese Wörter sternförmig um das Wort herum. Finde noch drei bis vier andere Wörter, die mit *Feuer* zu tun haben und schreibe sie mit einer anderen Farbe dazu.
4. Was bedeuten die Wörter *Alternative* und *Anthropologe*? Schau eventuell im Wörterbuch nach!

5. Womit kann man, außer mit Stöcken, noch Feuer machen?
6. Warum können uns die Anthropologen nicht so viel über das Feuermachen der Frühmenschen erzählen? Kreuze die richtigen Sätze an:
   a) Aus dieser Zeit sind keine Gegenstände zum Feuermachen mehr erhalten.
   b) Sie interessieren sich eher für jüngere Naturvölker.
   c) Sie sind zu sehr damit beschäftigt, neue Methoden zu entdecken, Feuer zu machen.
7. Schreibe dir untereinander in fünf Stichpunkten auf, wozu man früher das Feuer brauchte.
8. Schreibe rechts daneben fünf Stichpunkte auf, wozu man heute das Feuer braucht.
9. Erzähle jetzt anhand deiner Informationen aus dem Text und deinen Stichpunkten jemandem etwas über Feuer – damals und heute.
10. In welchen Situationen kann Feuer gefährlich werden?
11. Bist du schon einmal in einer solchen Lage gewesen? Erzähle davon!

Straßenverkauf

Gestern haben wir auf der Straße vor unserem Haus alte Sachen verkauft. Um 7 Uhr morgens fingen wir an, unseren Stand aufzubauen.

Martina brachte zwei Paar Stiefel von ihrem Vater mit, die er nur einmal getragen hatte. Olli schleppte ein kleines weißes Regal herbei und Birgit wollte ihre alten Blusen verkaufen. Anna fand die rote mit den Rüschen aber so schön, dass Birgit sie ihr schenkte. Dafür gab Anna Birgit einen ihrer alten Teddybären als Glücksbringer. Jens legte ein paar seiner Computerspiele auf den Tisch und Mario packte eine große Tüte mit Büchern aus. Meine Kusine Nadine hatte Kuchen und Saft mitgebracht, die die Käufer anlocken sollten.

Ein Kassettenrekorder und ein paar Abenteuerkassetten legten wir auf einen Stuhl. Auf dem Boden baute Claudia ihr altes Kinderspielzeug auf und Susi machte Preisschilder für das Kochgeschirr von ihrer Mutter.

Wir warteten eine Stunde, aber alle Nachbarn und Eltern schliefen noch und keiner kam uns besuchen.

Schließlich fingen wir an, uns ein bisschen zu langweilen und Hunger hatten wir auch. Als gegen 10 Uhr die ersten Leute in unsere Straße einbogen, sahen und hörten wir sie gar nicht. Wir waren nämlich dabei, alle Kassetten noch einmal durchzuspielen, die Bücher zu lesen, Annas Teddys die Computerspiele von Jens ausprobieren zu lassen und dabei Kuchen zu essen und Saft zu trinken!

Am Ende haben wir aber doch noch das weiße Regal und einen kleinen Kochtopf verkauft, den ganzen Vormittag viel Spaß gehabt und den restlichen Saft und Kuchen umsonst an unsere Nachbarn verteilt.

Aufgaben:

1. Lies den Text einmal still und decke ihn danach ab.
2. Kannst du dich noch an die Namen aller Kinder erinnern? Sie hießen …
3. Um wie viel Uhr
   a) fingen die Kinder an ihren Stand aufzubauen?
   b) kamen die ersten Besucher?
4. Lies den Text ein zweites Mal etwas schneller.
5. Unterstreiche, was in diesen Sätzen nicht stimmt!
   a) Martina hat zwei Paar Turnschuhe von ihrem Vater mitgebracht.
   b) Olli schleppte ein großes weißes Regal herbei.
   c) Anna schenkte Birgit eine rote Bluse mit Rüschen.
   d) Mario packte Bücher in eine große Tüte.
   e) Nadine wollte Kuchen und Sekt verkaufen.
   f) Wir hörten die ersten Besucher nicht, weil wir einschliefen.
   g) Leider konnten wir nichts verkaufen, aber wir haben trotzdem viel Spaß gehabt.
6. Welche anderen Gegenstände wollten die Kinder noch verkaufen?
7. Schreibe mit jemandem um die Wette zehn Gegenstände auf, die man noch auf einem Straßen- oder Trödelmarkt verkaufen kann. Wer ist am schnellsten und liest alles richtig vor?
8. Verlängere folgende Wörter um ein bis zwei weitere Wörter zu einem neuen Wort und lies sie vor *(z. B. Bücher – Bücherregal – Bücherregallampe):*
   – *Kuchen*
   – *Nachbar*
   – *Spielzeug*

Farben

In der Farbenlehre unterscheidet man zwischen den Grundfarben Gelb, Rot und Blau und den Mischfarben Orange, Violett und Grün. In einem Farbkreis geordnet liegen sich Gelb und Violett, Grün und Rot, und Blau und Orange gegenüber. Diese Farbpaare nennt man »Komplementärfarben«. Daneben gibt es noch unzählige andere Mischfarben, was jeder weiß, der gern mit den Pinseln durch die Näpfchen seines Tuschkastens wandert!

Schwarz und Weiß sind so genannte »unbunte Farben«.

Man kann die Farben auch nach ihrer Wirkung unterscheiden und sie in kalte und warme Farben einteilen. Gelb, Rot und Orange erinnern an Feuer und lassen uns an Wärme und Energie denken. Sie fallen uns neben anderen Farben zuerst auf und wir empfinden sie als anregend. Blau und Grün erinnern eher an Eis und wir verbinden Kälte mit diesen Farben. Wir sehen diese Farben erst nach den Rottönen und sie wirken eher beruhigend auf uns.

Stellt man auf einem Bild Komplementärfarben wie z. B. Rot und Grün zusammen, erhält das Bild eine lebendige Ausdruckskraft. Ist es dagegen nur in Grautönen gemalt, wirkt es ganz anders auf den Betrachter. Wir empfinden das Dargestellte dann eher als ruhig, leblos oder traurig.

Betrachtet man zwei gleiche Farbflecken auf unterschiedlichem, z. B. rotem und grünem, Untergrund, so nimmt der Farbfleck nach einer Weile auf dem roten Untergrund einen leicht grünlichen und auf dem grünlichen einen leicht rötlichen Schimmer an. Jede Farbe nimmt also etwas von der Gegenfarbe ihres Untergrundes an.

Aufgaben:

1. Lies den Text einmal still.
2. Zeichne jetzt einen bunten Farbkreis, so wie ihn der Text beschreibt, und beschrifte ihn dann mit den Wörtern *Grundfarben, Mischfarben, Komplementärfarben.*
3. Wie viele Mischfarben gibt es? Begründe deine Antwort!
4. Wie nennt man Schwarz und Weiß?
5. Welche Farben wirken eher beruhigend, welche eher anregend auf uns?
6. Welche Farbe ergibt
   a) Orange und Grün
   b) Gelb und Rot
   c) Blau und Grün
   d) Weiß und Rot
   e) Schwarz und Weiß
7. Sind das »warme« oder »kalte« Farben?
8. Kreuze die richtige Antwort an:
   a) Die Zusammenstellung von Komplementärfarben ergibt einen lebendigen Farbeindruck.
   b) Die Zusammenstellung von Komplementärfarben ergibt einen ruhigen Farbeindruck.
9. Was passiert, wenn man zwei gleiche Farbflecke auf unterschiedlichem Untergrund betrachtet?
10. Klebe ein rotes Quadrat auf ein blaues Stück Papier und umgekehrt. Was siehst du?
11. Was ist deine Lieblingsfarbe und wie viele Farbtöne kannst du dazu aufzählen (z. B. *hellrot, blutrot, feuerrot …*)?
12. Woran erinnert dich deine Lieblingsfarbe?

Rotkäppchen

Es war einmal ein Mädchen, das nannten alle nur Rotkäppchen, weil es immerzu eine rote Kappe aus Samt trug. Dieses Mädchen machte sich eines Tages auf den Weg durch den Wald, um seine Großmutter zu besuchen, die krank war. Rotkäppchens Mutter hatte ihr einen Korb mit einer Flasche Wein und einem Kuchen mitgegeben, um die alte Dame wieder zu Kräften kommen zu lassen.

Sie warnte Rotkäppchen davor, vom Weg abzukommen und sich von Wölfen ansprechen zu lassen. Für den Notfall gab sie Rotkäppchen ihr Handy mit.

Das Mädchen machte sich auf den Weg. Schon nach kurzer Zeit begegnete es einem Wolf.

Der Wolf sprach: »Was hast du für eine hübsche Kappe!«

Rotkäppchen freute sich, einen freundlichen Wolf getroffen zu haben, und antwortete: »Die Kappe habe ich von meiner Großmutter bekommen.«

Sie deutete mit einer Hand auf das kleine Häuschen am Ende des Waldweges. »Sie wohnt in diesem Häuschen dort und ist krank. Deshalb bringe ich ihr Kuchen und Wein.«

Der Wolf nickte und zeigte auf die Blumen, die am Wegesrand standen: »Das ist eine gute Idee! Warum pflückst du nicht auch ein paar Blumen und bringst sie ihr mit?«

Rotkäppchen gefiel diese Idee und sie ging immer mehr in den Wald hinein, um besonders schöne Blumen zu finden.

Der Wolf verabschiedete sich und lief schnell zum Haus der Großmutter. Diese hatte vergessen die Tür abzuschließen und lag im Bett. Ohne Mühe gelangte der Wolf ins Haus, sprang aufs Bett, packte sie und schluckte sie gierig in einem Stück hinunter. Kurz darauf wurde ihm schlecht und er musste sich ins Bett legen, um seinen Magen etwas zu beruhigen.

Rotkäppchen hatte inzwischen genug Blumen gepflückt und kam dem Haus ihrer Großmutter näher. Immer deutlicher hörte

sie das laute Schnarchen des Wolfes und dann sah sie auch seine Fußabdrücke vor der Haustür im Sand!
Schnell zog sie ihr Handy unter der Flasche Wein aus dem Korb hervor und schrieb ihrer Mutter eine SMS. Dann ging sie ins Haus, um zu sehen, wo sich der Wolf versteckt hielt, und um die Großmutter zu beschützen.
Als sie aber in das dunkle Zimmer an Großmutters Bett kam, wachte der Wolf auf, sah das Rotkäppchen, packte es und verschluckte es ebenfalls.
Sein Magen schmerzte jetzt noch mehr und er legte sich auf die Seite, um wieder einzuschlafen. Aber plötzlich wurde die Haustür aufgerissen, ein Mann sprang mit einem Satz auf das Bett und schoss den Wolf mit einem Gewehr tot. Es war der Jäger, den die Mutter schnell benachrichtigt hatte, nachdem sie Rotkäppchens SMS gelesen hatte.
Der Jäger holte Rotkäppchen und die Großmutter unverletzt aus dem Wolfsbauch und die drei feierten ihre Befreiung mit Kuchen und Wein.
Dann packte Rotkäppchen Großmutters Reisetasche und der Jäger brachte beide ins Haus von Rotkäppchens Mutter zurück, die glücklich war, alle wohlbehalten wiederzusehen.

Aufgaben:

1. Lies das Märchen im Stillen.
2. Rate, wie oft das Wort *Rotkäppchen* im Text genannt wird:
   a) 5x *b) 8x* *c) 12x*
   Überprüfe die richtige Zahl am Text, indem du das Wort unterstreichst.
3. Welche drei Gegenstände liegen in Rotkäppchens Korb und welcher davon kommt im Originalmärchen der Brüder Grimm nicht vor?
4. Warum geht Rotkäppchen nicht auf schnellstem Wege zum Haus seiner Großmutter?

5. Kreuze die richtigen Sätze an:
   a) Der Wolf kommt ins Haus der Großmutter,
   - *weil sie ihm die Tür geöffnet hat.*
   - *weil sie die Tür offen stehen lassen hat.*
   - *weil sie die Tür nicht abgeschlossen hat.*

   b) Dem Wolf ist schlecht,
   - *weil ihm Großmutter und Rotkäppchen schwer im Magen liegen.*
   - *weil er immer noch hungrig ist.*
   - *weil er Angst vor dem Jäger hat.*

   c) Rotkäppchens Mutter schickt den Jäger, weil
   - *sie Rotkäppchens Nachricht bekommen hat.*
   - *Rotkäppchen sie angerufen hat.*
   - *Rotkäppchen ihr erzählt hat, was passiert ist.*
6. Kannst du dich noch an alles erinnern? Ergänze den Lückentext und lies ihn im Ganzen vor.

Rotkäppchen

Es war einmal ein ____________, das nannten alle Rotkäppchen, weil es immerzu eine ________ _________ aus _________ trug.
Dieses Mädchen machte sich eines Tages auf den Weg durch den Wald, um __________ ___________ zu besuchen, die krank war.
Rotkäppchens Mutter hatte ihr einen Korb mit _______ _________ __________ und __________ _____________ mitgegeben, um die alte Dame wieder zu Kräften kommen zu lassen.
Sie warnte Rotkäppchen davor, vom Weg abzukommen und sich von _______________ ansprechen zu lassen. Für den Notfall gab sie Rotkäppchen ihr _______________ mit.
Das Mädchen machte sich auf den Weg. Schon nach kurzer _____________ begegnete es einem Wolf.
Der Wolf sprach: »Was hast du für eine hübsche ____________!«
Rotkäppchen freute sich, einen _____________ Wolf getroffen zu

haben und antwortete: »Die ____________ habe ich von meiner ____________________ bekommen.«
Sie deutete mit einer Hand auf das kleine Häuschen am Ende des Waldweges.
»Sie wohnt in diesem Häuschen dort und ist _________. Deshalb bringe ich ihr ______________ __________ ________________.«
Der ________ nickte und zeigte auf die _____________, die am Wegesrand standen: »Das ist eine gute Idee! Warum ________ du nicht auch ein paar Blumen und bringst sie ihr mit?«
Rotkäppchen gefiel diese Idee und sie ging immer mehr in den __________ hinein, um besonders schöne Blumen zu finden.
Der Wolf verabschiedete sich und lief schnell zum __________ der Großmutter.
Diese hatte vergessen die __________ abzuschließen und lag ____ __________. Ohne Mühe gelangte der Wolf ins Haus, sprang aufs Bett, packte sie und __________ sie gierig in einem Stück hinunter.
Kurz darauf wurde ihm schlecht und er musste sich ins Bett legen, um seinen ___________ etwas zu beruhigen.
________________ hatte inzwischen genug Blumen gepflückt und kam dem Haus ihrer Großmutter näher. Immer deutlicher hörte sie das laute _________________ des Wolfes und dann sah sie auch seine Fußabdrücke vor der _________________ im Sand!
Schnell zog sie ihr ________________ unter der Flasche Wein aus dem _______________ hervor und schrieb ihrer ______________ eine SMS. Dann ging sie ins Haus, um zu sehen, wo sich der __________ versteckt hielt, und um die __________________ zu beschützen.
Als sie aber in das dunkle Zimmer an Großmutters Bett kam, wachte der ___________ auf, sah das Rotkäppchen, packte es und verschluckte es ebenfalls.
Sein Magen schmerzte jetzt noch mehr und er legte sich auf die Seite, um wieder ____________________.
Aber plötzlich wurde die Haustür aufgerissen, ein _____________ sprang mit einem Satz auf das ______________ und schoss den

Wolf mit einem ____________ tot. Es war der ____________, den die Mutter schnell benachrichtigt hatte, nachdem sie Rotkäppchens ____________ gelesen hatte.
Der Jäger holte Rotkäppchen und die Großmutter unverletzt aus dem ____________ und die drei feierten ihre Befreiung mit Kuchen und Wein.
Dann packte Rotkäppchen Großmutters ____________ und der Jäger brachte beide ins Haus von Rotkäppchens ____________ zurück, die glücklich war, alle wohlbehalten wiederzusehen.

7. In unserem Märchen fehlen die vier Fragen, die Rotkäppchen dem als Großmutter verkleideten Wolf stellt, bevor er das Mädchen frisst. Sie heißen …
   a) GXROXßXMXUXTXTXEXRX, WXAXRXUXMXHXAXSXTXDXUXDXEXNXNXSXO XGXRXOXßEXAXUXGXEXNX?
   b) GXROXßXMXUXTXTXEXRX, WXAXRXUXMXHXAXSXTXDXUXDXEXNXNXSXO XGXRXOXßEXOXHXRXEXN?
   c) GXROXßXMXUXTXTXEXRX, WXAXRXUXMXHXAXSXTXDXUXDXEXNXNXSXO XEXIXNXEXGXRXOXßEXNXAXSXE?
   d) GXROXßXMXUXTXTXEXRX, WXAXRXUXMXHXAXSXTXDXUXDXEXNXNXSXO XEXIXNXEXNXGXRXOXßXEXNXMXUXNXD?
8. Und was antwortet der Wolf darauf? *Damit ich dich besser*
   a) …
   b) …
   c) …
   d) …
9. Worüber haben sich Rotkäppchen und ihre Großmutter im Bauch des Wolfes unterhalten? Schreibe ein Gespräch zwischen beiden aus insgesamt 8–10 Sätzen und lies es jemandem laut vor.

Spiegelbilder

Seit gestern ist alles anders.
Gestern habe ich zum ersten Mal mein Spiegelbild gesehen.
Ich bin jetzt vier Jahre alt und für einen Hund damit erwachsen.
Mein ganzes bisheriges Leben war ich mit Spielen und Toben, Fressen und Schlafen beschäftigt und hatte wirklich keine Zeit und auch kein Interesse, mein Spiegelbild zu sehen.
Ich bin ein weit gereister Hund, denn meine Familie hat mich überall mitgenommen. Wenn besonders viele kleine und große Menschen oder andere Hunde unterwegs waren, band man mir als Schutz vor den anderen ein Geschirr um die Schnauze und ich wurde angeleint. Ich durfte mich dann nicht so frei wie sonst bewegen und musste die Schnauze halten. So schlimm fand ich das aber nicht, denn meine Leute wollten mich ja nur beschützen!
Alles war gut und ich war glücklich.
Ich hörte oft von bissigen Kampfhunden und den schrecklichen Dingen, die sie getan hatten. Ich hörte auch von ihren Familien, die sie oftmals anstachelten, böse und angriffslustig zu sein.
Kein Wunder, dass diese Hunde nicht gern gesehen waren!
Ich aber bin erzogen und immer guter Laune! Ich mag Kinder und schwimme gern. Es machte mich stolz, wenn ich sah, wie mich die Leute mit Respekt ansahen und mir aus dem Wege gingen. Meine Familie streichelte und lobte mich dann immer!
Ich dachte eben, ich sei ein ganz besonderer Hund.
Das dachte ich bis gestern.
Gestern habe ich zum ersten Mal mein Spiegelbild gesehen.
Und was sah ich?

Aufgaben:

1. Lies den Text einmal still und überlege dir, wer die Sprecherin sein könnte!
2. Die Antwort auf den letzten Satz des Textes ist: *Ein vierjähriges Pitbull-Weibchen!*
3. Welche Hinweise gibt es im Text für diesen Schluss?
4. Welches sind die vier Lieblingsbeschäftigungen der Hündin?
5. Unterstreiche die richtigen Sätze und berichtige die falschen:
   a) Sie ist oft verreist.
   b) Zum Schutz für andere musste sie manchmal angeleint werden und einen Maulkorb tragen.
   c) Das fand sie ganz schrecklich.
   d) Die Hündin mag keine Kampfhunde.
6. Unterstreiche das Adjektiv, das hier am besten passt: Sie ist *traurig/entsetzt/verärgert/böse/überrascht* über ihr Spiegelbild.
7. Wie kommst du darauf? Nenne Textbeispiele!
8. Beschreibe mit vier Adjektiven, welches Bild die Hündin von sich hatte, bevor sie ihr Spiegelbild sah, z. B. *gut gelaunt, …*

Im Schlaraffenland

A.

Zum Geburtstag habe ich mir dieses Jahr einen Ausflug ins Schlaraffenland gewünscht.
Seit vielen Monaten hatte ich viele Geschichten darüber gelesen und jetzt wollte ich es einmal selbst sehen! Meine Eltern waren erst etwas überrascht, aber dann waren sie einverstanden.
Ich musste mir die Augen verbinden und wir fuhren eine lange Zeit mit dem Auto. Natürlich konnte ich nichts sehen. Plötzlich roch es aber ganz wunderbar nach vielen verschiedenen guten Dingen und ich wurde sehr aufgeregt. Wir waren da und stiegen aus. Ich durfte den Schal von meinen Augen abnehmen und staunte nicht schlecht: Um mich herum standen Sträucher, an denen bunte Lampions aufgehängt waren. In den Lampions standen Eisbecher oder Teller mit Kuchenstücken und Keksen. Durch die Luft flogen kleine Hubschrauber und Flugzeuge aus Schokolade und Marzipan. Das Gras auf der Wiese um mich herum waren eigentlich Pfefferminzstangen und in den Blumenköpfen aus Nougat blubberte heiße Schokolade.
Ganz in der Nähe sah ich einen Wasserfall, den lachende Kinder in offenen großen Bonbons hinunterfuhren. Das Wasser roch nach Erdbeermilch! Eltern saßen auf Sitzen in einer dicken Bulette, einem Schnitzel oder einer Pizza.
Hin und wieder regnete es kurz Limonade oder Saft. Manchmal hagelte es auch Milchreis oder Schokoladendrops. Mit offenem Mund und großen Augen lief ich hin und her und naschte so viel ich konnte. Dann wurde ich ganz müde und ruhte mich auf einem dicken Schokokuss aus.
Bevor mir die Augen zufielen, knabberte ich noch etwas an der Schokolade … Später wachte ich auf und war wieder in meinem Bett! Hatte ich den Besuch im Schlaraffenland nur geträumt? Warum war ich dann noch angezogen und fand so viele Essensreste in meinen Taschen?

B.

Zum Geburtstag habe ich mir dieses Jahr einen Ausflug ins Schlaraffenland gewünscht.
Seit vielen Monaten hatte ich viele Geschichten darüber gelesen und jetzt wollte ich es einmal selbst sehen! Meine Eltern waren erst etwas überrascht, aber dann waren sie einverstanden.
Ich musste mir Augen und Ohren verbinden und wir fuhren eine lange Zeit mit dem Auto. Natürlich konnte ich nichts sehen und hören. Plötzlich roch es aber ganz wunderbar nach vielen verschiedenen guten Dingen und ich wurde sehr aufgeregt.
Wir waren da und stiegen aus. Ich durfte den Schal von meinen Augen und Ohren abnehmen und staunte nicht schlecht: Um mich herum standen Bäume, an denen bunte Lampions angenagelt waren. In den Lampions standen große Hasen oder Lämmer aus weißer und brauner Schokolade. Durch die Luft flogen kleine Hubschrauber und Flugzeuge aus Zuckerwatte und Esspapier. Das Gras auf der Wiese um mich herum waren eigentlich Pfefferminzstangen und in den Blumenköpfen aus Nougat blubberte heiße Vanillesoße.
Ganz in der Nähe sah ich einen Wasserfall, den schreiende Kinder in offenen großen Nussschalen hinunterfuhren. Das Wasser roch nach Bananenmilch! Eltern saßen auf Sitzen in einer dicken Bulette, einem Hamburger oder einer Pizza.
Hin und wieder regnete es kurz Limonade oder Malzbier. Manchmal hagelte es auch Milchreis oder Schokoladendrops.
Mit offenem Mund und großen Augen lief ich hin und her und naschte so viel ich konnte. Dann wurde ich ganz müde und ruhte mich auf einer dicken Tomate aus.
Bevor mir die Augen zufielen, knabberte ich noch etwas an der Schale … Später wachte ich auf und war wieder in meinem Bett! Hatte ich den Besuch im Schlaraffenland nur geträumt? Warum war ich dann noch angezogen und fand so viele Essensreste in meinen Schränken?

Aufgaben:

1. Lies beide Texte leise.
2. Unterstreiche die Wörter und Textstellen, die sich voneinander unterscheiden.
3. Kreise die Einleitung, den Hauptteil und den Schlussteil mit drei verschiedenen Farben in Text A ein.
4. Finde jeweils eine passende Überschrift zu den drei Teilen.
5. Finde jeweils ein bedeutungsgleiches Wort für die Adjektive *überrascht* und *aufgeregt* und die Verben *staunen, naschen, knabbern*.
6. Kannst du dich noch an alle Leckereien in Text A erinnern? Wie viele waren es?
7. Schau noch einmal in den Text und unterstreiche sie!
8. Stell dir vor, du fährst in ein Bio-Schlaraffenland! Fülle die Lücken im Text unten mit Wörtern für gesunde Lebensmittel. Lies den Text dann laut vor.

Im Bio-Schlaraffenland

Zum Geburtstag habe ich mir dieses Jahr einen Ausflug ins Bio-Schlaraffenland gewünscht.
Seit vielen Monaten hatte ich viele Geschichten darüber gelesen und jetzt wollte ich es einmal selbst sehen! Meine Eltern waren erst etwas überrascht, aber dann waren sie einverstanden.
Ich musste mir die Augen verbinden und wir fuhren eine lange Zeit mit dem Auto. Natürlich konnte ich nichts sehen. Plötzlich roch es aber ganz wunderbar nach vielen verschiedenen guten Dingen und ich wurde sehr aufgeregt. Wir waren da und stiegen aus.
Ich durfte den Schal von meinen Augen abnehmen und staunte nicht schlecht:
Um mich herum standen Sträucher, an denen bunte Lampions aufgehängt waren. In den Lampions standen ______________ oder Teller mit ______________ und ______________. Durch

die Luft flogen kleine Hubschrauber und Flugzeuge aus ____________ und ____________. Das Gras auf der Wiese um mich herum waren eigentlich ____________ und in den Blumenköpfen aus ____________ blubberte heiße ____________.
Ganz in der Nähe sah ich einen Wasserfall, den lachende Kinder in offenen großen ____________ hinunterfuhren. Das Wasser roch nach ____________! Eltern saßen auf Sitzen in einer ____________, ____________ oder ____________.
Hin und wieder regnete es kurz ____________ oder ____________.
Manchmal hagelte es auch ____________ oder ____________.
Mit offenem Mund und großen Augen lief ich hin und her und naschte so viel ich konnte. Dann wurde ich ganz müde und ruhte mich auf einem ____________ aus.
Bevor mir die Augen zufielen, knabberte ich noch etwas an ____________ ... Später wachte ich auf und war wieder in meinem Bett! Hatte ich den Besuch im Schlaraffenland nur geträumt? Warum war ich dann noch angezogen und fand so viele Essensreste in meinen Taschen?

Texte, Übungen und Aufgaben für die Klassenstufe 6/7

Schritt für Schritt zu einem globalen Textverständnis und so zur Steigerung der Lesekompetenz.

Erwischt!

jetzthabichdichendlicherwischtdukleinerdiebderseiteinerhalben stundedurchmeinenladenschlendertundjededosepackungtüteund flascheindiehandnimmtundsotutalswürdeerdaspreisschildsuchen oderdieinhaltsbeschreibungstudierendabeiwarteterimgrundenur aufeinengünstigenmomentindemmicheinkundeetwasfragtoderich beimkassierenbinundgeradeeinenkleinenmomentnichtaufpasse umdannschnelldieeineoderanderesacheheimlichindiejackentasche zusteckenundganzschnellwiederausmeinemladenunentdecktzu verschwinden!

Aufgaben:

1. Lies die Wörterschlange und trenne die einzelnen Wörter voneinander ab.
2. Berichtige jetzt den Bandwurmsatz mit einem Rotstift, indem du die richtige Groß- und Kleinschreibung verwendest und Kommas setzt.
3. Lies den Text jetzt folgendermaßen vor:
   a) wütend, schnell, laut
   b) bedrohlich, langsam, leise
   c) mit zusammengebissenen Zähnen
   d) besonders deutlich und eindringlich, indem du jeden Buchstaben betonst
4. Was tut der kleine Dieb nach Meinung des Ladenbesitzers?
5. Warum kann der Ladenbesitzer nicht immer sehen, ob jemand etwas stiehlt oder nicht?
6. Was bedeuten folgende Wörter im Text? Unterstreiche die richtige Bedeutung!
   a) schlendern: *schleichen/ziellos umherlaufen/langsam gehen/schleudern*
   b) günstig: *billig/preiswert/angenehm/passend*
   c) studieren: *lesen/aufschreiben/genau ansehen/beobachten*

d) verschwinden: *weglaufen/sich in Luft auflösen/ unsichtbar werden*

7. Schreibe einen ebenso langen Bandwurmsatz aus der Sicht des Jungen auf und lies ihn dann laut und mit passender Betonung vor.

Judo und Karate

Judo und Karate sind Kampfsportarten. Judo bedeutet eigentlich »sanfter Weg« und dient der Selbstverteidigung. Der Gegner soll nicht verletzt, sondern geschickt aus dem Gleichgewicht gebracht und auf die Matte geworfen werden. Dabei gibt es verschiedene Wurf- und Grifftechniken. Beim Kampf sind die Kämpfer/innen immer barfuß; sie müssen aber ihre Füße bedecken, wenn sie die Matte verlassen.
Auf dieser dicken Judomatte lernt der Anfänger als Erstes zu fallen, ohne sich weh zu tun. Judokämpfer und -kämpferinnen werden auch Judoka genannt und ihr Anzug Judogi. Dazu gehören Jacke, Gürtel und Hose. Für die Gürtel gibt es verschiedene Farben, an denen man sehen kann, wie gut jemand ist.
Die Jacken müssen stabil und reißfest sein, denn beim Kämpfen darf hart zugefasst werden!
Karate ist eher ein Angriffssport. Die Kämpfer und Kämpferinnen greifen ihre Gegner mit Händen, Armen und Füßen an und erzielen dabei Punkte.
Neben Judo und Karate gibt es noch andere Kampfsportarten, wie z. B. das Sumo-Ringen in und aus Japan. Die Sumo-Ringer versuchen, mit ihren gewichtigen Körpern beim Kampf die Gegner aus dem Ring zu drängen und können bis zu 230 Kilogramm wiegen. Sie werden oftmals wie Superstars verehrt und ernähren sich äußerst eiweißreich, damit sie auch kein Pfund ihres stolzen Gewichtes nach den anstrengenden Kämpfen verlieren!

Aufgaben:

1. Lies nur die Überschrift des Textes. Was weißt du über Judo und Karate?
2. Hast du selbst schon einmal einen Kampfsport gemacht? Berichte jemandem davon.
3. Lies jetzt den Text still und kreise die für dich neuen Informationen ein.
4. Welche Sätze sind richtig? Berichtige die falschen Sätze:
   a) Karate ist ein Verteidigungssport.
   b) Die Judoka dürfen auf der Matte nur barfuß kämpfen, weil die Matte so dünn ist.
   c) Die Sumo-Kämpfer essen besonders viel Eiweiß, damit sie nicht noch dicker werden.
5. Nenne in einem Satz die Unterschiede und Gemeinsamkeiten zwischen Judo und Karate.
6. Wie nennt man Judokämpfer/innen und ihren Anzug?
7. Wie sollte die Judomatte sein?
8. Wie kann man sehen, wie gut die Judoka kämpfen?
9. Was sind die drei wichtigsten Informationen über die japanischen Sumo-Kämpfer aus dem Text?
10. Gibt es auch japanische Sumo-Kämpferinnen? Schlag im Lexikon nach oder informiere dich bei jemandem darüber.
11. Mache dir aus den Informationen des Textes Stichpunkte und berichte von einem anstrengenden Tag und Kampf eines Sumo-Kämpfers oder Judokas.

Das Herz

Unser Herz ist so groß wie eine ____________ *(Wurst/Faust/Zitrone)*. Es __________ *(pumpt/spült/drückt)* das _________ *(Blut/Fett/Essen)* durch den Körper. Das Herz ist ein ____________ *(Nerv/Muskel/Knochen)*. Es zieht sich 60–80-mal in der ____________ *(Sekunde/Minute/Stunde)* zusammen und entspannt sich wieder. Das Zusammenziehen und Entspannen nennt man ______________ *(Herzinfarkt/Herzschlag/Herzklopfen)*.
Im Laufe ______________ *(eines Tages/einer Stunde/eines Jahres)* schlägt das Herz rund 100 000-mal.
In unserem Körper kreisen ungefähr fünf Liter _________ *(Wasser/Urin/Blut)*, die in jeder Minute einmal ganz herumgetrieben werden. In 24 Stunden pumpt das Herz fast 1500-mal fünf Liter Blut durch ____________ *(den Körper/die Beine/die Knochen)*, insgesamt also etwa 7000 Liter!

Aufgaben:

1. Lies den Text langsam still und ergänze die Lücken mit dem richtigen Wort in Klammern.
2. Lies den Text jetzt laut vor. Stimmt alles?
3. Konntest du dir alle Zahlen merken? Beantworte folgende Fragen:
   a) Wie oft schlägt das Herz am Tag?
   b) Wie viele Liter Blut fließen pro Tag durch uns?
   c) Wie oft zieht sich das Herz pro Minute zusammen und entspannt sich wieder?
4. Verarbeite alle Informationen aus dem Text zu einem Schaubild, das du jemandem erklärst.
5. Wie viele Wörter kennst du, in denen das Wort *Herz* vorkommt? Schreibt zu zweit oder mehreren in fünf Minuten alle Wörter auf, in denen das Wort *Herz* vorkommt. Je länger, desto besser, denn pro Buchstabe gibt es einen Punkt –

aber nur, wenn das Wort anschließend auch fehlerfrei vorgelesen wurde!

6. Stellt euch gegenseitig Fragen zum Thema Herz und versucht, von Eltern, Verwandten ... und mit Hilfe eines Lexikons die Antworten darauf zu bekommen.
7. Werdet Herzspezialisten, indem ihr vor jemandem einen kleinen Vortrag aus euren Antworten haltet. (Ihr dürft ein bisschen von euren Notizen abgucken!)

Die Sprache der Comics

Comics sind Erzählungen, die aus einer Reihe von Zeichnungen mit kurzen Texten und Dialogen bestehen. Die kurze Geschichte besteht ganz und gar aus Aktion und Bewegung. Texte und Dialoge befinden sich fast immer in »Sprechblasen«. Jede Zeichnung mit Text ist in ein Feld eingefügt. Die Abfolge ist von links nach rechts und von oben nach unten. Die Comicfigur spricht in einer Sprechblase, die einen Pfeil hat und auf die Person zeigt, die gerade spricht.
Auch Personen außerhalb der Zeichnung können sprechen. Dann richtet sich die Pfeilspitze auf den Rand des Feldes, sodass der Leser weiß, dass die Stimme von dort kommt. Es gibt auch Gedankenblasen, die keinen Pfeil, sondern kleine »Bläschen« haben, die immer kleiner werden, je näher sie der denkenden Person kommen.
Aufregung, Schreie, aggressive Sprache oder eine Telefonstimme werden durch Sprechblasen mit Zickzackrändern ausgedrückt. Die Schrift in diesen Blasen ist dann fett und hat größere Buchstaben. Sehr oft tauchen in den Zeichnungen auch Symbole und Zeichen auf, die Gefühle ausdrücken sollen, z. B. ein Herz für Liebe, eine leuchtende Glühbirne für eine gute Idee oder ein Fragezeichen für Überraschung, Staunen oder Unsicherheit.

Aus dem Comic entwickelte sich der Trickfilm. Einer der berühmtesten Trickfilmzeichner und Filmproduzenten war der Amerikaner Walt Disney (1901–1966). Seine Figuren Micky Maus und Donald Duck sind weltbekannt und benehmen sich wie menschliche Wesen. Dazu studierte Walt Disney lange das menschliche Gesicht und passte schließlich Fratzen, Blicke, Grimassen oder den Ausdruck von Schrecken seinen Mäuse- oder Entenköpfen an.

Aufgaben:

1. Welche Comics kennst (und liest) du?
2. Lies den Text einmal still.
3. Wie viele unterschiedliche Sprechblasen werden genannt?
4. Zeichne sie nebeneinander und füge passende Texte und Schriften ein.
5. Welche Symbole und Zeichen z. B. für Gefühle nennt der Text?
6. Finde weitere Symbole, die du in eine dazu passende Blase zeichnest.
7. Wer war Walt Disney?
   a) ein Comiczeichner
   b) ein Filmregisseur
   c) ein Trickfilmzeichner
8. Wie heißen seine berühmtesten Trickfilmfiguren und wie wirken ihre Gesichter auf den Zuschauer?
9. Welche anderen Trickfilme und Trickfilmfiguren kennst du von Walt Disney und anderen Autoren?
10. Zeichne vier Comicbilder in einer Abfolge. Verwende dabei die im Text beschriebenen Bläschen, Schriften, Symbole und Zeichen und auch andere, wenn du willst.
11. Lies jemandem deinen Mini-Comic vor und achte auf eine passende Betonung für die Worte der Personen und der Geräusche …

Frosch und Riesenmücke

Eine Riesenmücke war auf einem ihrer Flüge gegen ein zu sauber geputztes Fenster geflogen und hatte sich einen Flügel beschädigt. Nach einem langen, mühevollen Marsch auf ihren zwei ungeübten Beinen kam sie an einen Teich. Erschöpft brach sie zusammen und wollte nicht mehr um den Teich laufen, da ihre dünnen Beinchen sie nicht mehr tragen wollten.

Ein großer Frosch, der die fette Beute am Ufer sah, schwamm herbei und schlug der Riesenmücke vor: »Binde deinen einen Fuß an mein Bein. Ich schwimme und zieh dich so auf die andere Uferseite.«

Ohne weiter nachzudenken, nahm die Riesenmücke den Vorschlag des Frosches an und band ihren schmerzenden Fuß mit einem Grashalm an sein Bein. Der Frosch lachte sich insgeheim ins Fäustchen über die Dummheit der Riesenmücke und ließ seine lange Zunge in freudiger Erwartung auf die leckere und dicke Mahlzeit mehrere Male vor- und zurückrollen. Dann schwamm er los und zog die Riesenmücke bis zur Mitte des Teiches, wo er sie ertränken und fressen wollte.

Aber die Riesenmücke wehrte sich mit ihren letzten Kräften und versuchte, sich aus der Grashalmfalle zu befreien und mit dem gesunden Flügel aus dem Wasser zu fliegen. Doch das gelang ihr nicht, denn der Flügel war durch die Fahrt durch den Teich ganz nass geworden!

Plötzlich erschien über ihnen ein großer Reiher auf Futtersuche. Er sah das zappelnde und kämpfende Pärchen, stürzte sich mit seinem Schnabel auf die Riesenmücke, wobei er den Frosch auch gleich mit aus dem Wasser zog, und verspeiste beide genüsslich.

Aufgaben:

1. Lies die Fabel still und unterstreiche dabei alle Tiere, die vorkommen.
2. Welche Adjektive passen jeweils am besten? Unterstreiche sie!
   a) Riesenmücke: *dumm, ängstlich, gutgläubig, vertrauensvoll*
   b) Frosch: *hilfsbereit, unfair, gemein, listig, einfallsreich*
   c) Reiher: *gleichgültig, habgierig, wütend, aufmerksam*
3. Wie geriet die Riesenmücke in diese Situation? Erzähle anhand folgender Stichpunkte die Fabel in eigenen Worten nach:
   Fenster/beschädigter Flügel/langer Marsch/Erschöpfung/Teich/Frosch/Vorschlag/Grashalm/Teichfahrt/Grashalmfalle/Mordversuch/Kampf/Reiher
4. Welche Moral passt am besten zu der Fabel?
   a) Wer anderen eine Grube gräbt, fällt selbst hinein.
   b) Wenn sich zwei streiten, freut sich der Dritte.
   c) Man soll sich nicht mit fremden Federn schmücken.
5. Zeichne oder male die Kampfszene zwischen Riesenmücke und Frosch im Teich, bevor der Reiher beide frisst.
6. Wäre die Riesenmücke nicht so erschöpft gewesen, hätte sie dem Frosch einen Gegenvorschlag gemacht, um mit seiner Hilfe *ohne Gefahr* über den Teich zu gelangen. Welchen?
7. Dreh den Spieß um! Denk dir eine Fabel aus, in der die Riesenmücke dem Frosch eine Falle stellt und erzähle sie jemandem.

Dumme Sprüche

Lieber __________ als __________.

(Ostern/Western)

Lieber ein Tischbein, das __________, als ein Holzbein, das __________. *(brennt/wackelt)*

Lieber ein Blatt vor dem __________, als ein Brett vor dem __________. *(Kopf/Mund)*

Lieber arm __________ als Arm __________. *(dran/ab)*

Lieber fünf Minuten __________ als ein Leben lang __________.

(tot/jung)

Lieber Rosen am __________ als Asche am __________.

(Montag/Mittwoch)

Lieber ein __________ Gewinner als ein __________ Verlierer.

(schlechter/guter)

Lieber gut __________ als dauernd __________.

(daneben/drauf)

Lieber __________ essen als ins __________ beißen.

(Steak und Pommes/Gras)

Lieber eine lange Leitung __________ als einen Wasserrohrbruch __________. *(reparieren/haben)*

Lieber auf dem __________ sitzen als auf einem __________ reiten.

(Schaukelpferd/hohen Ross)

Lieber eine __________ essen als in die __________ gucken.

(leere Röhre/Ofenkartoffel)

Lieber __________ als __________.

(Trübsal blasen/Kaugummi kauen)

Aufgaben:

1. Setze das passende Wort in die Lücke, damit jeder Satz ein ziemlich dummer Spruch wird!
2. Lies die Sätze jetzt der Reihe nach einmal laut vor.

3. Erkläre in eigenen Worten diese drei Sprichwörter:
   a) ins Gras beißen
   b) in die leere Röhre gucken
   c) auf dem hohen Ross sitzen
4. Finde die Entsprechungen in einer Fremdsprache, z. B. Englisch. Schau dazu ins Wörterbuch.
   Gibt es Unterschiede zu den deutschen Sprichwörtern, auch wenn der Sinn der gleiche ist?
5. Was bedeuten folgende Sprichwörter:
   a) aus dem Häuschen sein
   – *ins Kino gehen*
   – *ganz aufgeregt sein*
   – *als Nacktschnecke leben*
   b) nicht mehr alle Tassen im Schrank haben
   – *kein Geschirr mehr haben*
   – *verrückt sein*
   – *einen Fehler machen*
   c) jemanden hinters Licht führen
   – *jemandem ein Schattenspiel zeigen*
   – *jemanden anlügen*
   – *jemanden hinter die Bühne führen*
6. Welches Verb gehört in diese Sprichwörter?
   a) Da *bleibt/ging/kam* mir die Luft weg.
   b) Jetzt *geht/brennt/kommt* mir ein Licht auf.
   c) Er *fühlte/hatte/bekam* kalte Füße.
   d) Stelle/Beleuchte/Brenne dein Licht nicht unter den Scheffel.
   e) Sie *wollte/fand/nahm* kein Blatt vor den Mund.
   f) Die beiden Diebe *stecken/schlafen/wohnen* unter einer Decke.
   g) Erst am Ende seiner Rede *ließ/rief/schmiss* er die Katze aus dem Sack.
7. Erkläre die Sprichwörter, die du kennst, in eigenen Worten und frage jemanden nach der Bedeutung der Sprichwörter, die dir unbekannt sind.

Piratinnen

Nach alter Seefahrertradition durften Frauen nicht auf Piratenschiffe. Die Kapitäne wollten nicht, dass sie die Besatzung ablenkten und zum Streiten brachten.
Einige abenteuerliche Frauen versuchten aber, dieses Verbot heimlich zu umgehen, weil sie wie die Männer hofften, als Piratinnen zu großem Reichtum zu gelangen. Als Tarnung heuerten sie in Männerkleidung auf den Piratenschiffen an, aber sie mussten sich sehr geschickt verhalten, denn auf den Piratenschiffen lebte man besonders eng, weil zusätzlich Männer mitfuhren, die die gekaperten Schiffe steuern sollten.
Auch sonst waren die Lebens- und Reisebedingungen für die Piratinnen nicht gerade angenehm: Sie schliefen in Hängematten oder auf dem harten Boden und in den Lagerräumen wimmelte es von Ratten. Offenes Feuer war verboten, weil schon ein einzelner Funke den ganzen Vorrat an Schießpulver in die Luft jagen konnte. Also mussten die Piraten mit schwachem Laternenlicht in der Dunkelheit auskommen.
Richtige Toiletten gab es nicht, sondern nur Plumpsklosetts, die zum Wasser hin offen waren. Auch eine richtige medizinische Versorgung bei ernsthaften Krankheiten war an Bord der Piratenschiffe nicht möglich. Die Gesellschaft, in der sich die Frauen unter den Piraten befanden, war ebenfalls schlecht: Viele Piraten waren finstere Burschen mit krimineller Vergangenheit, die sich während einer Windstille, Flaute genannt, schnell langweilten. Sie tranken und spielten viel und gerieten oftmals miteinander in Schlägereien. Mitunter kam es sogar zu Mord und Totschlag an Bord unter der eigenen Mannschaft, bevor ein Feind auch nur gesichtet werden konnte.
Der harte Arbeitsalltag auf den Schiffen erforderte viel Muskelkraft. Kanonen mussten gescheuert und die Takelage – Taue, Seile, Leinen der Masten und Segel – immer wieder neu geordnet und repariert werden. Auf den meisten Schiffen arbeiteten

die Piraten in Schichten von vier Stunden, wobei sie entweder Aufgaben an Deck hatten oder Wache hielten.
Prinzessin Alwilda aus Schweden war wohl die erste Piratin der Geschichte. Sie fuhr vor ungefähr 1500 Jahren mit einer Frauenmannschaft auf See. Piratin wurde sie deshalb, weil sie nicht den dänischen Prinzen heiraten wollte, den ihr Vater für sie ausgewählt hatte.

Aufgaben:

1. Lies den Text ein erstes Mal still.
2. Schreibe in einem Satz auf, worum es geht.
3. Lies den Text ein zweites Mal und markiere mit einem Bleistift sechs Abschnitte, denen du folgende Überschriften gibst: *Schlechte Gesellschaft/Harter Piratenarbeitsalltag/Die erste Piratin der Geschichte/Lebens- und Reisebedingungen auf Piratenschiffen/Piratinnen in Männerkleidung/Abenteuerliche Piratinnen*
4. Was bedeuten die Wörter *kapern, anheuern, Takelage, Plumpsklosett* und *Flaute*?
5. Kreuze die richtigen Sätze an und berichtige die falschen:
   a) Frauen durften auf Piratenschiffen nicht mitfahren, weil sie sich immer ablenkten und stritten.
   b) Einige Frauen verkleideten sich als Männer, um heimlich mitzufahren.
6. Schreibe die sieben Beispiele, die im Text für die schlechten Lebensbedingungen auf Piratenschiffen genannt werden, in Stichpunkten heraus.
7. Versetze dich in die Lage von Prinzessin Alwilda aus Schweden, die mit ihrer Piratinnenmannschaft an Bord die Seegewässer unsicher machte. Schreibe mit Hilfe deiner Stichpunkte eine kleine Geschichte zu einem ihrer abenteuerlichen Tage auf See und lies die Geschichte mit guter Betonung der spannenden Stellen jemandem vor!

Gesucht wird ...

Gesucht wird eine liebevolle Haushaltshilfe für unsere sechsköpfige Familie.
Sie darf nicht zu jung und nicht zu alt sein und soll als Lohn für ihre Arbeit bei uns wohnen.
Sie muss kinderfreundlich und tierlieb sein, denn tagsüber und abends wird sie sich um unsere beiden Zwillingspärchen im Alter von 3 und 5 Jahren kümmern und daneben auch ein bisschen mit unseren vier Schäferhunden spazieren gehen und spielen. Spielzeug und Kampfanzüge haben wir in der Garage, sie braucht nichts selbst mitzubringen!
Das Geschirr und die Wäsche kann sie erledigen, wann sie möchte. Wichtig ist nur, dass abends alles sauber und ordentlich ist.
Eine Geschirrspülmaschine haben wir nicht und die Waschmaschine ist seit zwei Monaten kaputt, aber dafür haben wir einen sehr starken Staubsauger und viele Besen, auf denen unsere Kinder gern herumreiten!
Wir haben ein sehr schönes und ruhiges Haus im Grünen, im Umkreis von 50 Kilometern gibt es weder Nachbarn noch Geschäfte oder Kinos.
Auf keinen Fall sollte unsere neue Haushaltshilfe nur deutsch sprechen, denn wir möchten unsere Kinder vielsprachig aufwachsen lassen. Am liebsten hätten wir eine chinesische Haushaltshilfe, weil wir gelesen haben, dass Chinesischlernen die Intelligenz der Kinder verbessert. Außerdem ist chinesisches Essen unser Lieblingsessen! Mit anderen Sprachen sind wir natürlich auch einverstanden und wir essen auch gern Nudeln und Pizza.
Da unsere neue Haushaltshilfe kaum Zeit zum Schlafen haben wird, wäre ein eigenes Zimmer nur eine Platzverschwendung. Dafür ist aber der Teppich im Kinderzimmer ganz kuschelig und warm.
Bestimmt sind Sie interessiert! Bitte melden Sie sich unter ...

Aufgaben:

1. Lies den Text still und entscheide danach, was für eine Wirkung er auf dich hat:
   a) ernst
   b) lustig
   c) ironisch
2. Wie kommst du zu diesem Eindruck?
3. Überprüfe, was du vom Inhalt behalten hast. Mache ein Häkchen an die richtigen Sätze und berichtige die falschen:
   a) Die fünfköpfige Familie sucht eine Haushaltshilfe.
   b) Die Haushaltshilfe soll bei ihnen in einem eigenen Zimmer wohnen.
   c) Sie bekommt ein gutes Taschengeld für ihre Arbeit.
   d) Die Familie möchte jemanden haben, der kinder- und tierlieb ist.
   e) Die Haushaltshilfe hat ziemlich viel zu tun dort.
   f) Dafür kann sie in ihrer Freizeit zu den Nachbarn, in Geschäfte oder ins Kino gehen.
   g) Die Familie hat zwei Zwillingspärchen und vier Pudel.
   h) Am liebsten wäre ihnen eine japanische Haushaltshilfe, die für sie alle Sushi macht.
   i) Sie soll auf dem Teppich im Kinderzimmer schlafen.
4. Schreibe die jeweils wichtigste Information über diese im Text genannten Haushaltsgeräte in einem Adjektiv neben das Wort:
   a) Geschirrspülmaschine:
   b) Waschmaschine:
   c) Staubsauger:
   d) Besen:
5. Nenne die beiden Gründe, warum die Familie gern eine chinesische Haushaltshilfe hätte!
6. Welcher Satz im Text zeigt, dass die Familie glaubt, jemand könnte sich für diese Stelle interessieren?
7. Glaubst du das auch? Warum / Warum nicht?

Auf den Straßen im alten Rom

Noch heute kann man an vielen Orten den Einfluss der römischen Kultur sehen. Bis ins 19. Jahrhundert baute man in ganz Europa und in Ländern anderer Kontinente im Stil der römischen Antike. Die Gesetze vieler Staaten gehen auf das römische Rechtssystem zurück und eine große Anzahl europäischer Sprachen haben viele Wörter aus der lateinischen Sprache, die im Rom der Antike gesprochen wurde. Auch viele der heutigen Straßen verlaufen auf ehemaligen römischen Straßen, wo vor mehr als 1500 Jahren die Legionen marschierten!
Rom war die größte Stadt der antiken Welt. Zur Zeit des Kaiser Augustus lebten hier eine Million Menschen.
Durch Roms Straßen zu gehen war gefährlich! Die meisten waren so eng, dass zwei Lastkarren nicht aneinander vorbei konnten und die Balkone der gegenüberliegenden Häuser fast aneinander stießen. Um möglichst viele Leute unterbringen zu können, bauten die Besitzer ihre Häuser immer höher und kümmerten sich nicht um die Gesetze, die eine Beschränkung der Gebäudehöhe vorschrieben.
Überall auf den Straßen lag Dreck, durch den sich die Menschen drängten und schoben. Nicht selten landete der Abfall, der aus einem der oberen Stockwerke aus dem Fenster gekippt wurde, auf den Köpfen der Passanten. Viele Römer wurden bei Verkehrsunfällen verletzt oder getötet.
Als Julius Caesar Herrscher wurde, wollte er mit neuen Gesetzen für eine Besserung des Zustands der Straßen sorgen. Tagsüber ließ er die Innenstadt für den Fahrzeugverkehr sperren und befahl seinen Staatsbeamten, Leute für die Straßenreinigung einzustellen. Aber das half nur wenig. Roms Straßen waren immer noch dreckig und voller Getümmel. Nachts lagerten Räuber und Diebe in den Straßen und Lastkarren rumpelten mit großem Getöse über die groben Pflaster. Niemand ging ohne bewaffnete Begleitung aus. Noch gefährlicher wären Roms

Straßen gewesen, hätte es nicht die drei Stadtkohorten gegeben. Kaiser Augustus schuf sie zur Bekämpfung des Verbrechens in der Stadt und sie sind in etwa mit einer heutigen Polizeitruppe zu vergleichen. Jede Kohorte bestand aus 1500 Soldaten, von denen jeder 20 Jahre dienen musste. Augustus gründete auch die so genannten vigiles (= die Wachsamen), eine 7000 Mann starke Nachtpolizei, die nicht nur als Stadtpolizei, sondern auch als Feuerwehr eingesetzt wurde.

Aufgaben:

1. Ziehe mit einem Bleistift eine Slalomlinie von links oben nach rechts unten durch den Text und lies den Text still entlang dieser Linie.
2. Unterstreiche die Themen, um die es im Text geht: *Einfluss der römischen Kultur/Einkaufen in den Straßen Roms/Leben der Sklaven im antiken Rom/Straßenleben im alten Rom/Straßengesetze unter Julius Caesar/Verbrechensbekämpfung im alten Rom/Architektur im alten Rom/Räuberleben im alten Rom*
3. Teile den Text in sinnvolle inhaltliche Abschnitte und gib jedem Abschnitt eine der unterstrichenen Überschriften aus der Aufgabe 2.
4. Erkläre folgende Wörter in eigenen Worten:
   - *Kultur*
   - *Antike*
   - *Legionen*
   - *Passanten*

   Schlag eventuell in einem Fremdwörterbuch nach und informiere dich.
5. Entschlüssle die Namen zweier wichtiger römischer Staatsmänner:
   a) jusuli casare
   b) sutugusa

6. Welche Einflüsse der römischen Kultur werden im Text genannt? Schreibe sie in vier Stichpunkten auf.
7. Stadtkohorten sind
   a) *eine wachsame Nachtpolizei, die auch als Feuerwehr eingesetzt wurde.*
   b) *eine Polizeitruppe aus 1500 Soldaten, die 20 Jahre lang dienten.*
8. Kreuze die richtigen Sätze an und berichtige die falschen:
   a) *Julius Caesar wollte das Verbrechen auf den Straßen Roms bekämpfen, indem er Stadtkohorten gründete.*
   b) *Die vigiles waren eine Nachtpolizei, die als Schutz vor Räubern und Dieben eingesetzt wurde.*
   c) *Augustus erließ Gesetze, um das Leben auf den Straßen weniger gefährlich zu machen, z. B. ordnete er die Sperrung der Innenstadt für den Verkehr an.*
9. Welche Konjunktion (= Bindewort) musst du einsetzen, damit der Satz stimmt? Begründe!
   a) *Weil/Als* Julius Caesar Diktator wurde, wollte er mit neuen Gesetzen für eine Besserung des Zustands der Straßen sorgen.
   b) Tagsüber ließ er die Innenstadt für den Fahrzeugverkehr sperren *oder/und* befahl seinen Staatsbeamten, Leute für die Straßenreinigung einzustellen.
   c) Aber das half nur wenig, *denn/und* Roms Straßen, waren immer noch dreckig und voller Getümmel.
   d) Nachts lagerten Räuber und Diebe in den Straßen, *während/obwohl* Lastkarren mit großem Getöse über das grobe Straßenpflaster rumpelten.
10. Lies jetzt noch einmal den bearbeiteten Text entlang deiner Überschriften und erzähle ihn anschließend jemandem nach.
11. Fülle die Lücken in folgenden Sätzen aus dem Text aus. Versuche es, ohne in den Originaltext zu sehen.
    a) *Noch heute kann man an vielen Orten den Einfluss der ____________________ Kultur sehen.*

b) Bis ins 19. Jahrhundert baute man in ganz ____________ und in Ländern anderer Kontinente im Stil der römischen ____________.

c) Die Gesetze vieler Staaten gehen auf das römische Rechtssystem zurück und eine große Anzahl europäischer ____________ haben viele Wörter aus der ____________ Sprache, die im Rom der Antike gesprochen wurde.

d) Auch viele der heutigen ____________ verlaufen auf ehemaligen römischen Straßen, wo vor mehr als ________ Jahren die Legionen marschierten!

12. Welche Adjektive beschreiben das Leben im alten Rom am treffendsten: *beängstigend, harmlos, wütend, ruhig, gemütlich, gefährlich, aufregend, entspannend, schrecklich, laut, voll.* Begründe anhand des Textes!
13. Suche die Gegensatzpaare zu diesen Adjektiven.
14. Schreibe mit Hilfe der Informationen aus dem Text eine kleine Tagebucheintragung von 8–10 Sätzen über ein spannendes Erlebnis im nächtlichen alten Rom. Wähle dabei die Sichtweise eines römischen Jungens, Mädchens, Sklaven ...
15. Lies deinen Text anschließend jemandem vor. Ist er glaubhaft und spannend?

Bäderträume

Meine Mutter hat gesagt, dass sie nicht mehr tagsüber in der Bank arbeiten will, weil sie eigentlich eine Künstlerin ist.
Uns anderen ist das vorher gar nicht so aufgefallen. Aber es stimmt, dass sie immer gern abends gemalt, mit uns gebastelt oder irgendetwas im Haus verschönert und dekoriert hat.
Von einem auf den anderen Tag hat sie ihre Stelle gekündigt und unseren Vater, der bisher immer mittags für uns gekocht hat, einkaufen gegangen ist und mit uns Schulaufgaben gemacht hat, wieder zur Arbeit geschickt.
Als Erstes fing sie an, unser Badezimmer zu renovieren. An die Wände malte sie eine Unterwasserlandschaft mit vielen bunten Fischen und ein paar riesigen Meerestieren, die etwas gruselig aussehen, als wollten sie auf der Stelle zu uns in die Badewanne springen. Zwischen die Tiere klebte sie kleine Spiegelkacheln, in denen man sich in Teilen sehen kann. Unsere neue Badewanne ist ein altes Aquarium und ganz aus Glas. Sie hat sogar einen Deckel, den man auflegen und auf den man sich setzen kann, wenn keiner in der Badewanne liegt. Dann hat man ein warmes Leseplätzchen oder kann sich gemütlich mit jemandem unterhalten, der auf der Toilette sitzt.
Ach ja, eine neue Toilette hat sie auch gekauft. Sie ist muschelförmig und schimmert in allen Farben. Auf dem Deckel ist ein Krake mit langen, haarigen Beinen befestigt, den man auch als Toilettenbürste benutzen kann, was sehr praktisch ist. Zur Reinigung stehen an jedem Krakenfuß kleine Eimerchen mit einer duftenden Flüssigkeit aus Rosenblättern.
Anstatt Teppiche haben wir Sand auf dem Boden des Badezimmers, sodass meine kleinen Geschwister Sandburgen und Sandtorten backen können. An die Zimmerdecke ist ein Sternenhimmel gemalt, wie man ihn sonst nur in besonders klaren Nächten sieht, aber unserer ist auch tagsüber durch kleine Lämpchen beleuchtet und man kann viele Sternbilder kennen lernen.

Als meine Mutter noch in der Bank gearbeitet hat, hatte unser altes Badezimmer ein ganz normales Fenster. Vor ein paar Tagen hat sie aber dieses Fenster gleich mit der ganzen Wand herausgerissen und lauter runde, fischäugige Schiffsfenster eingesetzt. Wenn wir durch diese hinaussehen, dann wundern wir uns manchmal, dass wir keinen Ausblick auf den Meeresgrund, sondern nur auf die Primelbeete unserer Nachbarin haben!

Aufgaben:

1. Lies den Text still durch.
2. An wie vielen Stellen im Badezimmer hat die Frau etwas verändert?
3. Schreibe in Stichpunkten auf, in welcher Reihenfolge die Künstlerin-Mutter welchen Gegenstand/Bereich verschönert hat und berichte anhand deiner Stichpunkte jemandem davon.
4. Kreuze an, was man im Text erfährt:
   a) wo die Frau vorher gearbeitet hat
   b) warum sie nicht mehr dort arbeiten wollte
   c) wo ihr Mann gearbeitet hat
   d) wo ihr Mann jetzt arbeitet
   e) wie viele Kinder sie hat
   f) wo die Kinder zur Schule und einkaufen gehen
   g) wie sie ihr Badezimmer erneuert hat
   h) was die Nachbarin darüber denkt
5. Was ist hier durcheinander geraten? Berichtige!
   a) An die Wände malte meine Mutter einen Sonnenuntergang am Strand.
   b) In den Toilettendeckel ließ sie ein Aquarium mit bunten Fischen und einem Kraken einbauen.
   c) Von der Zimmerdecke hängen Spiegelkacheln, in denen man sich sehen kann.
   d) Die Badewanne ist muschelförmig und schimmert in allen Farben.

e) Meine Geschwister essen in der Badewanne Meerestiere.
f) Auf dem Boden wachsen Pflanzen im Sand.
g) Durch das Fenster kann man in die Fischaugen der Fische sehen, die draußen vorbeischwimmen.
h) Unsere Nachbarin hat ihr ein paar Primeln geschenkt, die man vom Bad aus sehen kann.

6. Schließ die Augen und stelle dir das Badezimmer vor. Schreibe weitere Gegenstände auf, die auch gut in ein Bad passen könnten und lies sie vor.
7. Schreibe vor jeden Gegenstand ein passendes Adjektiv und lies alle Wörter leise.
8. Nenne alle Meerestiere, die du kennst.
9. In folgendem Wortgitter ist jeweils ein Wort aus einem der fünf Textabschnitte versteckt. Kreise die Wörter farbig ein.

ADJRUGFJKÜNSTLERINFHDZRGEH
AQUARIUMDKRIFOSDÖÜTZCNDHÖ
SJDZRFKRAKELTFJDURFHMVNCBX
AKSUDHJSTERNENHIMMELOFJDHS
AUSHETZDFRHDMEERESGRUNDKF

10. Bilde weitere zusammengesetzte Wörter aus den Bausteinen
    a) Stern(en) …
    b) Meer(es) …
11. Welche der Veränderungen im beschriebenen Badezimmer würdest du gern für dein eigenes haben? Zeichne oder male sie!
12. Stelle dir vor, als Nächstes wird die Küche verschönert! Lass deine Fantasie spielen, mache dir Stichpunkte und erzähle davon.

Fliegende Säugetiere

Säugetiere bewegen sich auf unterschiedliche Art und Weise fort. Viele können springen und hüpfen, schleichen, schwimmen und auch tauchen. Aber fliegen können nur die Fledertiere, die so klein wie Langnasenfledermäuse oder so groß wie Flughunde sein können. Flughunde sind so groß wie kleine Hunde und haben eine Flügelspannweite bis zu 2 Metern. Sie haben im Gegensatz zu anderen Fledertieren ein gutes Sehvermögen und große Augen, die nach vorne zeigen. Auch ihr Geruchssinn ist gut ausgeprägt. Ihre Babys nennt man Flederwelpen. Sie werden wie alle anderen Säugetiere gesäugt, wobei sie festgeklammert im Fell ihrer Mütter hängen.
Fledermausflügel bestehen aus einer dünnen Schicht Muskeln und Bindegewebe, die von Haut überzogen ist. Gestützt wird diese Schicht durch die Armknochen und den Knochen des zweiten bis fünften Fingers. Der erste Finger sieht aus wie eine Kralle und wird zum Herumkrabbeln und zur Körperpflege benutzt. Einige Fledermausarten kämpfen auch mit diesen »Daumen« oder greifen damit nach Nahrung.
Die Flugmuskulatur der Fledertiere ist sehr kräftig und manche Arten können schneller als 50 km/h fliegen!
Fledermäuse sind keine Einzelgänger, sie halten sich gern zusammen auf, z. B. in ihren Schlafhöhlen oder auf der nächtlichen Jagd. Sie jagen oftmals in Trupps kleine Nachtfalter, Milben oder Fliegen. Auch Früchte, Knospen und andere weiche Pflanzenteile mögen sie gern und die Vampire unter ihnen saugen Blut!

Aufgaben:

1. Zeichne mit einem Bleistift ein großes X über den ganzen Text und wandere mit deinen Augen beide Linien von oben bis unten entlang.

2. Verdecke jetzt den Text. Welche Wörter und Informationen sind dir im Gedächtnis hängen geblieben?
3. Lies jetzt den Text von Anfang bis Ende und unterstreiche alle Textstellen, in denen du etwas über Fledermäuse erfährst, was du vorher nicht wusstest.
4. Ergänze den Lückentext:

Fliegende Säugetiere

Säugetiere bewegen sich auf unterschiedliche Art und Weise fort. Viele können springen und hüpfen, schleichen, schwimmen und auch tauchen. Aber fliegen können nur die ________________, die so klein wie Langnasenfledermäuse oder so groß wie ____________ sein können. ____________ sind so groß wie kleine Hunde und haben eine Flügelspannweite bis zu ____ Metern! Sie haben im Gegensatz zu anderen Fledertieren ein gutes Sehvermögen und große ____________, die nach vorne zeigen. Auch ihr Geruchssinn ist gut ausgeprägt.
Ihre Babys nennt man ________________. Sie werden wie alle anderen Säugetiere ____________, wobei sie festgeklammert im Fell ihrer Mütter hängen.
Fledermausflügel bestehen aus einer dünnen Schicht ____________ und Bindegewebe, die von ____________ überzogen ist. Gestützt wird diese Schicht durch die ______________ und den Knochen des zweiten bis fünften ____________. Der erste Finger sieht aus wie eine ______________ und wird zum Herumkrabbeln und zur Körperpflege benutzt. Einige Fledermausarten kämpfen auch mit diesen »Daumen« oder greifen damit nach ______________.
Die Flugmuskulatur der Fledertiere ist sehr kräftig und manche Arten können schneller als ______ km/h fliegen!
Fledermäuse sind keine ______________, sie halten sich gern zusammen auf, z. B. in ihren Schlafhöhlen oder auf der nächtlichen ______________. Sie jagen oftmals in Trupps kleine Nachtfalter,

Milben oder Fliegen. Auch Früchte, Knospen und andere weiche Pflanzenteile mögen sie gern und die Vampire unter ihnen saugen ___________!

5. Stimmen folgende Sätze mit dem Text überein? Berichtige, wenn nötig!
   a) Fledermäuse sind die einzigen fliegenden Säugetiere.
   b) Flughunde sind fliegende Hunde.
   c) Fledermäuse säugen ihre Babys wie andere Säugetiere.
   d) Die Flügel der Flughunde bestehen aus Bindegewebe, Muskeln, Haut und Knochen.
   e) Die meisten Fledertiere können gut sehen und riechen.
   f) Fledermäuse jagen und schlafen gern allein.
   g) Sie fliegen schneller als Flugzeuge.
   h) Vampire sind Blut saugende Fledermäuse.
6. Wie viele Bewegungsverben für Säugetiere nennt der Text?
7. Nenne Bewegungsverben von anderen Tieren, z. B. *kriechen* (Eidechsen).
8. Stell dir vor, du bist eine Fledermaus auf nächtlicher Jagd! Suche dir aus dem Text fünf Wörter aus und erzähle damit eine kleine Geschichte.

Ballspiele

1. ______________ ist das beliebteste Mannschaftsspiel der Welt. Bei diesem Sport versuchen elf Spieler auf jeder Seite den Ball ins Tor des Gegners zu schießen. Nur der Torwart darf den Ball mit den Händen berühren. Das ganze Spiel dauert zwei Halbzeiten von 45 Minuten, mit einer Pause von 15 Minuten. Alle vier Jahre kämpfen die besten Mannschaften jedes Landes um die Weltmeisterschaft. Die Spieler tragen unter ihren Kniestrümpfen oft Schienbeinschützer, um nicht vom harten Ball getroffen und verletzt zu werden. Die Bälle bestehen aus zusammengesetzten Lederstücken. Innen befindet sich ein Gummiball, den man aufblasen kann.
2. ______________ ist ein schnelles Spiel, eine Mischung aus Basketball und Fußball. Man benutzt den Ball wie beim Basketball, aber er wird nicht in einen Korb, sondern in ein Tor geworfen.
3. ________________ wird von zwei Mannschaften mit jeweils sechs Spielern gespielt. Die Spieler und Spielerinnen schlagen den Ball mit den Händen über ein hohes Netz. Dabei soll der Ball möglichst lange in der Luft gehalten werden. Man kann dieses Ballspiel auf einem harten Spielfeld in der Halle oder auch im Sand am Strand spielen.
4. ________________ ist ein Ballsport, bei dem sich zwei Mannschaften mit jeweils fünf Spielern gegenüberstehen. Sie versuchen, den Ball in den Korb der gegnerischen Mannschaft zu werfen. Man darf den Ball nicht kicken oder mit ihm losrennen, aber man kann ihn dribbeln, passen, werfen oder rollen. Die Spieler sind meistens sehr groß.

Aufgaben

1. Lies den Text langsam und aufmerksam.
2. Finde die Namen der vier Ballsportarten, die beschrieben werden!
3. Was haben alle Ballspiele gemeinsam?
4. Umkreise alle inhaltlichen Fehler im Text unten mit einem roten Stift und berichtige sie!

Basketball ist das beliebteste Mannschaftsspiel der Welt.
Bei diesem Sport versuchen zehn Spieler auf jeder Seite den Ball ins eigene Tor zu schießen. Nur der Schiedsrichter darf den Ball mit den Händen berühren.
Das ganze Spiel dauert drei Halbzeiten von 45 Minuten mit einer Pause von 15 Minuten.
Alle zehn Jahre kämpfen die besten Mannschaften jedes Landes um die Weltmeisterschaft.
Die Spieler tragen unter ihren Strumpfhosen oft Schienbeinschützer, um nicht vom harten Ball getroffen und getötet zu werden. Die Bälle bestehen aus zusammengesetzten Gummistücken. Innen befindet sich ein Lederball, den man ausblasen kann.

5. Richtig oder falsch? Unterstreiche die richtigen Sätze!
   a) Beim Volleyball muss man den Ball mit den Händen über ein Netz schlagen.
   b) Alle Ballsportarten kann man auch im Sand spielen.
   c) Beim Basketball spielen zwei Mannschaften mit jeweils sechs Spielern gegeneinander.
   d) Beim Fußball versuchen die Spieler, den Ball in das Tor der gegnerischen Mannschaft zu kicken.
6. In den folgenden Sätzen gibt es einige zusätzliche Informationen zum Basketball. Leider sind die Substantive vertauscht worden. Bringe sie wieder in die richtige Reihenfolge und lies die sinnvollen Sätze dann laut vor:
   a) Einen Boden aufprallen heißt, ihn immer wieder beim Laufen auf den Ball dribbeln lassen.

b) Oft werfen die Spieler die Rückwand gegen den Korb, weil sie hoffen, dass er daran abprallt und in den Basketball fällt.
c) Die Hindernisse tragen ärmellose Spieler, damit sie beim Fangen des Balls ohne Luft hoch in die Trikots greifen können.
d) Ball muss auf hartem Basketball gespielt werden, damit der Boden gut springt.

7. Was ist noch interessant über diese Ballsportarten zu wissen und steht nicht im Text?

Die Tochter des Sonnengottes

Ich wurde im Jahre 69 v. Chr. in Alexandria geboren, der damaligen Hauptstadt Ägyptens, am Westrand des Nildeltas, am Mittelmeer.
Ich bin die älteste Tochter von König Ptolemaios XII. Damals wurde unser Reich von den Ptolemäern regiert, einer Dynastie, die 323 v. Chr. aus Makedonien gekommen war und in der nach einer alten Tradition alle Söhne ebenfalls Ptolemaios hießen. Die ersten Herrscher aus diesem Geschlecht waren gute Herrscher gewesen, aber die späteren, zu denen leider auch mein Vater zu zählen ist, begingen einige große Fehler. Ich sah einer ungewissen Zukunft entgegen, wobei noch hinzukam, dass Rom ein großer Rivale Ägyptens war und uns erobern wollte. Dennoch setzte ich alles daran, um nach dem Tode meines Vaters Königin von Ägypten zu werden. Wie alle Ptolemäer heiratete ich innerhalb meiner Familie, um deren Macht zu stärken, meinen jüngeren Bruder Ptolemaios XIII. Nach dem Gesetz war er nun ebenfalls Herrscher, doch der kleine Ptolemaios war viel zu jung, um mit mir gemeinsam ein so großes Reich zu regieren und diese Verantwortung zu übernehmen. Das wollte ich lieber allein tun!

Natürlich war mir klar, dass viele hohe Beamte den Thronanspruch meines Bruders unterstützen würden. Auch Pompeius, der mächtige Verbündete meines Vaters, hatte sich in den Kopf gesetzt, Ägypten im Namen Roms zu verwalten, was nun wirklich gar nicht meinen Vorstellungen entsprach!
Also musste ich all meine Intelligenz und meinen Charme einsetzen, um Königin zu werden und zu bleiben!
Ich zog die mächtigsten Hofbeamten auf meine Seite und erlernte mehrere Sprachen, sogar Ägyptisch, was die anderen Ptolemäer nicht sprachen, denn sie verständigten sich auf Griechisch.
Um meinen Anspruch auf den königlichen Thron noch zu untermauern, nahm ich einen alten königlichen Titel an und nannte mich die »Tochter des Sonnengottes«.
Ich brauchte aber auch die Unterstützung der Priester, die aus reichen und mächtigen Familien stammten. Ihnen stand ein Anteil an den Einnahmen aus den Landgütern der Tempel zu. Einige Priester waren nicht nur in ihren Tempeln, sondern auch bei Hofe beschäftigt. Um diese Priester für mich zu gewinnen, ließ ich ihnen große Schenkungen zukommen.
Als Mitglied der Herrscherfamilie durfte ich neben den Priestern und Priesterinnen auch den dunklen inneren Schrein der Tempel betreten. Dort befand sich die Statue der Gottheit. Auf meinem Weg dorthin kam ich immer durch die große Halle, in der Säulen mit Steinmetzarbeiten und Malereien standen. Zu Ehren der Götter verbrannte man duftenden Weihrauch.
Als stolze Königin von Ägypten trug ich einen Kopfschmuck aus Goldfedern und einer Sonnenscheibe, die Symbole des Gottes Amun-Re, und ein Paar Hörner, die ein Symbol der Göttinnen Hathor und Isis sind.
Es gibt viele Geschichten um meine Person. Einige sind wahr, andere erdichtet oder von meinen Feinden erlogen! Viele Einzelheiten meiner Lebensgeschichte wurden vergessen oder waren nur wenigen bekannt. Auch blieben nur wenige Porträts und

Statuen von mir erhalten. Aber ich kann versichern, dass ich eine der schönsten und mächtigsten Frauen der Geschichte war und stets würdevoll auftrat!
Auch mein Tod ist ungeklärt. Mein Leichnam wurde nie gefunden und woran ich starb, ist mein Geheimnis geblieben: Habe ich mit Giften experimentiert, bin ich von einer giftigen Schlange gebissen worden oder gab es einen anderen Grund …

Aufgaben:

1. Lies den Text still von Anfang bis Ende und versuche, den Namen der »Tochter des Sonnengottes« herauszufinden!
2. Die »Tochter des Sonnengottes« war eine
   a) arabische Prinzessin
   b) eine ägyptische Königstochter
   c) eine alexandrinische Hexe
3. Finde folgende Namen im Text, unterstreiche und erkläre sie: *Alexandria, Ptolemaios, Ägypten, Pompeius, Rom, Amun-Re, Hathor, Isis*
4. Wo liegen der *Nil* und *Makedonien*? Schau in den Atlas!
5. Wovon berichtet die ägyptische Königin? Kreuze an!
   a) Sie berichtet von ihren Reisen an den Nil.
   b) Sie erzählt von ihrem Leben als Königin.
   c) Sie erzählt, wie sie Königin geworden ist.
   d) Sie erzählt von unterschiedlichen Ereignissen aus ihrem Leben als ägyptische Königin und ihrem ungeklärten Tod.
6. Warum zog Kleopatra die mächtigen Hofbeamten auf ihre Seite und lernte viele Sprachen?
7. Sie machte große Schenkungen an
   a) andere Könige
   b) einflussreiche Priester
   c) die Tempelgötter
8. Welche drei Götternamen werden im Text genannt und mit welchen ihrer Symbole schmückte sich die Königin?

9. Finde heraus, welcher Göttin das Symbol der Kobra im Ägypten Kleopatras zugeschrieben wurde und was es bedeutete.
10. Unterstreiche die Adjektive, die laut Text gut auf die Königin passen:
gutmütig, schlau, gemein, attraktiv, gerissen, intelligent, schön, weise, hinterlistig, entschlossen, selbstbewusst, geheimnisvoll, zielstrebig, ängstlich, träge, lustig
11. Weiß man heute viel oder eher wenig aus dem wirklichen Leben der Königin vom Nil? Markiere die entsprechende Textstelle, die du als Beweis nennen kannst.
12. Welche Möglichkeiten für Kleopatras Tod werden genannt:
a) …
b) …
c) …
13. Kleopatra traf auch auf Julius Caesar. Ordne die folgenden Satzstücke und setze sie zu einem ganzen Text zusammen:
Kleopatra traut Bruder nicht/verliebt sich in sie/Caesar in Ägypten um Geldschuld des verstorbenen Ptolemaios XII. zurückzufordern/vier Tage nach Pompeius' Ermordung wird ihm der Kopf des Pompeius in Alexandria präsentiert/ließ sich nachts in Teppich gewickelt in Caesars Gemächer schmuggeln/Caesar gegen Krieg zwischen Ägypten und Rom/will Streit zwischen Kleopatra und ihrem Bruder schlichten/sucht Schutz Caesars/will ihn zum Verbündeten/ Caesar von Kleopatras Mut beeindruckt

Indianermedizin

In der Welt der nordamerikanischen Indianer beherrschte der »Große Geist« die ganze Welt. Die Indianer glaubten, dass dieser Geist in Gestalt vieler kleiner Geister auftrat und seine Seele in Steine, Pflanzen, Tiere und Menschen legt.
Einige Indianer haben nach Glauben der Indianer einen besonders starken Schutzgeist und können direkt Kontakt mit den Geistern aufnehmen und ihre Begabung zum Heilen nutzen. Diese Medizinmänner und -frauen heißen Schamanen. Sie versuchen in oftmals langen und feierlichen Zeremonien, den Geist der Kranken für die Abwehr der Krankheiten zu stärken und sie dadurch zu heilen.
Sie behandelten Asthmakranke mit Stinkkohlwurzeln oder kleinere Wunden mit Schafgarbe, und schon früh verwendeten sie Koffein und Wirkstoffe aus der Weidenrinde als Schmerzmittel – ein Vorläufer des heutigen Aspirins.
Bauchschmerzen wurden von einigen Stämmen durch Massage mit der Hand oder einem Massagestab geheilt, wobei der Kranke flach auf dem Rücken liegen musste und das abgerundete Ende des Stabes über seinen Bauch gerollt wurde.
Die Schamanen eines anderen Stammes glaubten, dass man durch böse Geister oder den Verlust der Seele krank wird. Mit einem geschnitzten Rohr aus Elfenbein, dem »Seelenfänger«, wollten sie die Seele wieder einfangen und sie in den Körper des Kranken zurückführen. Manchmal bliesen sie auch durch die Öffnung des Seelenfängers, um so die Krankheit zu vertreiben.
Viele Medizinmänner und -frauen tanzten bei diesen Gelegenheiten und benutzten Medizinpfeifen, z. B. die Schwarzfußindianer ihre heiligen Donnerpfeifen. Sie wurden beim ersten Frühlingsgewitter aus einem besonderen »heiligen Bündel« geholt und dem Donnergeist geopfert. Dieser war in den Augen der Schwarzfußindianer für die Blitze zuständig, die auf offener Prärie lebensbedrohlich waren.

Aber die Abwehr und Heilung von Krankheiten war nicht ausschließlich die Sache der Schamanen. Die anderen Indianer kannten ebenfalls eine große Anzahl von Heilkräutern, Mittel gegen Kopf-, Ohren- und Magenschmerzen, gegen Blutungen, Schwellungen und andere Leiden. Sie sammelten die Kräuter in Medizinbeuteln und verabreichten sie den Kranken in Form von Pulver oder als Heiltee.

Aufgaben:

1. Zeichne eine Slalomlinie von links oben nach rechts unten durch den Text und lies dann den Text entlang dieser Linie.
2. Welche Wörter sind dir im Kopf geblieben? Notiere sie.
3. Lies jetzt den Text noch einmal und unterstreiche alle Substantive, die eine Information zum Thema der Überschrift geben.
4. Fasse die wichtigsten Informationen aus dem Text anhand deiner Unterstreichungen in wenigen Sätzen zusammen.
5. Entschlüssle diese verschlüsselten Substantive aus dem Text *Maschane/Ergroß Eistg/lunghei/Reh Wab/Terleihkräu/ Zinmedinamn*
6. Setze die fehlenden Wörter in die Lücken folgender Sätze:

a) In der Welt der nordamerikanischen Indianer beherrschte der ____________ die ganze Welt.
b) Die Indianer glaubten, dass er in Gestalt vieler kleiner Geister auftrat und seine Seele in ____________, ____________, ____________ und ____________ legt.
c) Einige Indianer haben nach Glauben der Indianer einen besonders starken ____________ und können direkt Kontakt mit den Geistern aufnehmen und ihre Begabung zum Heilen nutzen.
d) Diese Medizinmänner und -frauen heißen ____________.

7. Wodurch wurde nach Meinung der Schamanen jemand krank?
   a) …
   b) …
8. Nenne zwei Heilungsmethoden der Schamanen aus dem Text.
9. Was ist ein »Seelenfänger«?
   a) eine Donnerpfeife
   b) eine Flöte
   c) eine Medizinpfeife
10. Versuche einen »Seelenfänger« zu zeichnen.
11. Was sammelten die Indianer in ihren Medizinbeuteln?
    a) Pilze und Wurzeln
    b) Kräuter
    c) Goldstücke
12. Sie verabreichten den Kranken ihre Heilkräuter als
    a) Tabletten
    b) Tee
    c) Pulver
    d) Öl
13. Welche Indianerstämme kennst du? Nenne einen bis zwei und suche aus dem Lexikon zwei bis drei Informationen dazu heraus, die du in Stichpunkten herausschreibst und jemandem zusammenhängend vorträgst.

Frauen und Männer im antiken Athen

Von 500 bis 400 v. Chr. war Griechenland die stärkste Macht in der antiken Welt und Athen war die größte Stadt in Griechenland. Athen war nicht nur die Heimat vieler bedeutender Künstler, Dichter, Politiker und Denker der Geschichte, sondern auch die Wiege der ersten Demokratie. In Athen versammelten sich alle Bürger regelmäßig, um darüber zu entscheiden, wie die Stadt regiert werden sollte. Aber nicht jeder Bewohner der Stadt Athen war zugleich ein Bürger! Frauen, Fremde und Sklaven durften nicht wählen. Die Athener Frauen führten ein sehr zurückgezogenes Leben. Sie blieben die meiste Zeit im Haus, kümmerten sich um den Haushalt und die Kinder und gingen nicht einmal einkaufen oder mit ihren Männern aus.
Die Männer gingen tagsüber in ihrer freien Zeit auf den großen öffentlichen Marktplatz, die *Agora,* oder ins *Gymnasion*, wo sie Sport treiben konnten. Abends waren sie häufig in das Haus eines Freundes zu einem Gastmahl eingeladen. Wenn Frauen ausgingen, dann besuchten sie Freundinnen, das Theater oder sportliche Veranstaltungen für Frauen. Eine der Gelegenheiten für Athenerinnen, sich in der Öffentlichkeit zu zeigen, war die Teilnahme an religiösen Festen. Sie nahmen an Festzügen und Opferungen teil und einige von ihnen waren Priesterinnen.
Das Fest des Weingottes Dionysos fand jedes Jahr im März statt und war bei ihnen besonders beliebt. Dort tanzten, musizierten und sangen sie und brachten Weinopfer dar.

Aufgaben:

1. Zeichne mit dem Bleistift eine Slalomlinie durch den Text von links oben nach rechts unten.
2. Lies jetzt den Text still anhand dieser Slalomlinie.
3. Unterstreiche beim zweiten Lesen wenige wichtige Schlüsselwörter.

4. Versuche anhand dieser Schlüsselwörter den Text kurz zusammenzufassen.
5. Wähle zwischen a) und b) die richtige Antwort (wenn möglich) aus:
   a) Jeder Bürger Athens durfte wählen.
   b) Jeder Bewohner Athens durfte wählen.

   a) Frauen sah man viel seltener in der Öffentlichkeit als Männer.
   b) Frauen wollten lieber zu ihren eigenen Veranstaltungen und Festen gehen.

   a) Männer gingen häufig auf die Agora oder ins Gymnasion.
   b) Männer verbrachten mit ihren Frauen die Abende auf Gastmählern bei Freunden.
6. Kannst du den Text unten über den Ursprung der griechischen Theaterspiele lesen? Trenne die einzelnen Wörter beim stillen Lesen voneinander ab und lies dann alles flüssig und laut.

   Jedenmärzfeiertendieathenerdasfestdesweingottesdionysos.
   Am10.märztrugensiedazueinestatueausholzzumgöttertempel.
   Immergabesopfertänzemusikgetränkeundspeisen.
   Dochandennördlichenhängenwurdenauchschauspieleaufgeführt.
   Essinddieerstentheaterstücke,dieunsbekanntsind.
   Diestückewarenzunächstnurkleineszenenimrahmendesfest programms.

7. Welche anderen griechischen Götter und Göttinnen kennst du? Suche dir in einem Lexikon einen männlichen und einen weiblichen griechischen Gott aus und mache dir 5–6 Stichpunkte zu seinem/ihrem Leben und ihrer Bedeutung.
8. Berichte anhand deiner Stichpunkte aus einem Tag im Leben eines Gottes/einer Göttin.

Jeans

Was legt vom Baumwollfeld in Ägypten oder Indien bis ins Geschäft nach Deutschland locker 20 000 Kilometer auf Lastwagen, Schiffen oder Zügen zurück?
Was tragen die Deutschen an durchschnittlich viereinhalb Tagen pro Woche – vom Baby bis zum Greis – und was verbraucht als Einzelteil gewaschen 8000 Liter Wasser?
Was ist das weltweit beliebteste Kleidungsstück und wovon werden jedes Jahr rund 800 Millionen Exemplare hergestellt?
Was reicht aneinander gelegt einmal von der Erde zum Mond und zurück?
Die Jeans!
Ihr Geburtsjahr war das Jahr 1870, ihr Geburtsort die Stadt Reno im Bundesstaat Nevada in den USA. Dort stürzte eine wütende Kundin kurz vor Ladenschluss in eine kleine Nähstube und beschwerte sich über die dort gekauften Arbeitshosen ihres Mannes, die immer so schnell Löcher bekamen und kaputt gingen.
Der Ladenbesitzer Jacob Davis versprach zu helfen. Er nähte die Hosentaschen nicht mehr nur an, sondern befestigte sie zusätzlich mit Kupfernieten. Die Kunden waren begeistert, standen Schlange und rissen sich um die neuen Hosen. Auch die Konkurrenz schlief nicht und kopierte Davis' Einfall mit den Nieten.
Um seine Idee zu schützen, hätte Davis ein Patent anmelden müssen, aber Patente waren teuer. Also wandte er sich an einen aus Deutschland eingewanderten Händler namens Levi Strauss. Strauss lieferte Davis den Stoff für seine genieteten Arbeitshosen, ein stabiles und derbes Gewebe mit Namen »jean«, er half Davis und übernahm bald den ganzen Laden.
Heute ist Levi's eine der bekanntesten Marken. Hergestellt werden die Jeans aber nicht mehr in Amerika, sondern ihre Materialien kommen aus mehreren Kontinenten und Ländern, z. B.

aus Ägypten und Indien (Baumwolle), Chile und China (Metall für Knöpfe und Nieten). Gesponnen, gewebt und zusammengenäht werden die Jeans wieder woanders, oftmals in so genannten Billiglohnländern, wo geringe Arbeitslöhne gezahlt werden und schlechte Arbeitsbedingungen vorherrschen.
Viele finden es »cool«, wenn die Jeans nicht neu und ungebraucht, sondern getragen aussieht. Dazu wird der Stoff noch in der Fabrik z. B. mit Schleifpapier vorbehandelt oder mit vulkanischem Bimsstein gewaschen.
Jeans gibt es heute in allen Formen, Arten und Variationen. Jeder Modeschöpfer hat jedes Jahr eine neue Idee und fügt das eine oder andere Detail hinzu. Es gibt nummerierte Serien und wertvolle Einzel- und Sammlerstücke. Manche museumsreife Levi's erzielt heute Höchstpreise, z. B. auf einer Auktion im Jahre 2001 den stolzen Preis von 45 000 Dollar!

Aufgaben:

1. Lies zunächst nur die Fragen im ersten Textteil (bis *zurück*) still und versuche die Antwort zu finden!
2. Finde noch zwei oder drei ähnliche Rätselfragen dazu, wenn du die Antwort gefunden hast.
3. Mache eine kleine Liste: Wie viele Paar Jeans hast du? Markenjeans, andere Jeans? Farben, Stile ... Was gefällt dir an Jeans?
4. Lies jetzt den ganzen Text still und finde zwei passende kurze Überschriften für die beiden großen Textabschnitte.
5. Unterstreiche das richtige Land: Jeans kommen ursprünglich aus *Deutschland*, den *USA*, *China*.
6. Welche Idee hatte Davis?
   a) Er befestigte Nieten an den Taschen der Hosen, um sie stabiler zu machen.
   b) Er klebte die Taschen fester an die Hosen.
   c) Er nähte Nieten auf die Taschen der Hosen.

7. Was brachte ihn dazu?
   a) Die Taschen seiner Hosen gingen immer so schnell kaputt.
   b) Eine Kundin beschwerte sich über ihre kaputten Hosentaschen.
   c) Eine Kundin beschwerte sich über die kaputten Arbeitshosen ihres Mannes.
8. Was sind Nieten? (Es gibt zwei Bedeutungen!)
9. Warum werden Jeans heute oftmals in Ländern wie China hergestellt?
10. Was wird getan, um eine Jeans abgenutzt aussehen zu lassen?
    a) Sie wird mit Bimsstein gewaschen.
    b) Sie wird stundenlang in der Waschmaschine geschleudert.
    c) Sie wird mit Schleifpapier vorbehandelt.
    d) Sie wird mit Dreck beworfen.
11. Was ist der Unterschied zwischen den ersten Jeans von 1870 und den heutigen Modellen?
12. Beschreibe den Weg einer Jeans vom Baumwollfeld bis in den Laden anhand der Informationen aus dem Text in Stichpunkten und trage deinen Text dann so frei wie möglich jemandem als Kurzreferat vor.

Mona Lisas Lächeln

Leonardo da Vinci, der von 1452–1519 in Italien lebte, hatte viele Interessen und Talente.
Geboren wurde er in Vinci, einem Ort westlich von Florenz. Mit 15 Jahren machte er eine Lehre bei dem Maler Verrocchio. Dort lernte er auch musizieren, denn sein Lehrer war ein begeisterter Musiker. In der Malerei machte der begabte und wissensdurstige Leonardo schnell so große Fortschritte, dass er seinen Meister bald überflügelte, woraufhin dieser das Malen für immer aufgab.

Mit 30 Jahren bekam er eine Stelle am Hof in Mailand beim Herzog Ludovico Sforza. Dort arbeitete er 17 Jahre lang nicht nur als Maler, sondern auch als Musiker, Festausrichter, Dichter, Astronom, Maschinenbauer und Architekt.
Leonardo grübelte und tüftelte gern. Ständig zeichnete und arbeitete er an Modellen und Entwürfen für Maschinen, Fluggeräte und andere Konstruktionen und bot sogar dem Sultan des Osmanischen Reiches den Entwurf des Baus einer riesigen Brücke über das Goldene Horn in Istanbul an!
Uns ist Leonardo vor allem als Maler bekannt, obwohl er viel mehr Zeit seines Lebens als Wissenschaftler verbrachte.
Sein berühmtestes Bild malte er um 1503. Es ist das Porträt der »Mona Lisa« mit dem geheimnisvollen Lächeln. Das Mädchengesicht, das auf dem Bild dargestellt ist, soll die Frau eines Kaufmannes aus Florenz gewesen sein. Ihr Name war Lisa, aber das Bild wird auch Gioconda oder Jaconde genannt, weil ihr Mann Francesco del Giocondo hieß.
Gefühle werden am deutlichsten mit den Augen und dem Mund ausgedrückt. Deshalb ließ Leonardo an den Augen und den Mundwinkeln seiner Mona Lisa Licht und Schatten ineinander verschwimmen. Dadurch entstand das so geheimnisvolle und wohl berühmteste Lächeln der Welt. Leonardo schaffte diesen Eindruck durch eine Technik, die die Italiener »sfumato« nennen. Auf Deutsch heißt das »weich« oder »schattiert«. Man sieht sie an den langsam dunkler werdenden Schatten an den Mundwinkeln. Der Betrachter kann so nicht genau sehen, wo der Übergang zwischen Mundwinkel und Schatten ist, wodurch das Gesicht der Mona Lisa lebendig und ausdrucksstark wirkt.
Bereits zu Leonardos Lebzeiten war das Bild umgerechnet ungefähr eine halbe Million Euro wert; heute hängt es strengstens bewacht in einem Glaskasten aus Panzerglas im französischen Museum Louvre in Paris und zieht täglich Ströme von Besuchern an, die auch einmal das Original des berühmten geheimnisvollen Lächelns der unbezahlbar Schönen sehen wollen.

Aufgaben:

1. Lies den ersten Teil des Textes bis zum Ausrufezeichen still.
2. Welche Zwischenüberschrift passt am besten zum Inhalt? Begründe!
   a) Das Malergenie Leonardo da Vinci
   b) Leonardo da Vinci – Erfinder und Maler
   c) Die vielseitigen Talente und Begabungen des Leonardo da Vinci
3. Verdecke den ersten Textabschnitt und entscheide aus dem Gedächtnis, welche der folgenden Tätigkeiten Leonardo am Hof des Herzogs Ludovico Sforza in Mailand ausübte:
   Maler, Sänger, Architekt, Schuster, Flugzeugbauer, Komponist, Musiker, Schriftsteller
4. Welche »Berufe« fehlen?
5. Warum stimmt der folgende Satz nicht mit dem entsprechenden aus dem Text überein?
   Ständig zeichnete und arbeitete er an Modellen und Entwürfen für Maschinen, Fluggeräte und andere Konstruktionen und bot sogar dem Sultan des Osmanischen Reiches den Entwurf des Baus einer Flotte für die Überquerung des Goldenen Horns in Istanbul an!
6. Richtig oder falsch? Kreuze an!
   a) Die Mona Lisa ist ein weltberühmtes Bild von Leonardos Frau.
   b) Das Bild hängt im Louvre in London.
   c) Die Mona Lisa ist für ihr Lächeln berühmt.
   d) Leonardo bediente sich einer besonderen Maltechnik, die man »sfumato« nennt.
   e) Bei dieser Maltechnik verschmelzen die Schatten der Augenbrauen mit denen der Mundwinkel.
7. Stelle dich vor den Spiegel und versuche mit der »sfumato«-Technik eine Bleistiftskizze von deinem Mund zu zeichnen. Frage jemanden nach der Wirkung deiner Zeichnung.

Die Zeit

Raum und Zeit nehmen wir ganz unterschiedlich wahr. Im Raum kennen wir die Dimensionen links/rechts, vorwärts/rückwärts und aufwärts/abwärts. Wir sehen also z. B. neben uns schwimmende Enten oder über uns fliegende Vögel und merken, wie sich der Raum um uns verändert, wenn wir reisen.
Einen Raum können wir verlassen und dann wieder in ihn zurückkehren: Die Bewegung im Raum ist also nicht richtungsgebunden.
Anders ist das mit der Zeit: Wie ein Fluss fließt sie stets in die gleiche Richtung. Ist ein Kuchen erst einmal gebacken, können wir ihn nicht wieder in seine Einzelteile zerlegen und das Mehl von den Eiern trennen!
Zeit nehmen wir viel unbewusster wahr als Raum, z. B. wenn wir auf die Uhr sehen oder beim Wechsel von Tag zu Nacht und umgekehrt.
Aber auch durch die Zeit bewegen wir uns immerzu, ohne jedoch einen Einfluss auf sie zu haben. Die Geschwindigkeit und die Richtung sind dabei immer gleich: Die Bewegung geht immer aus der Vergangenheit in die Zukunft. Wir können die Zeit weder zurückdrehen, um etwas Vergangenes zu verändern, noch können wir die Gegenwart anhalten, weil ein Moment z. B. gerade besonders schön ist und länger andauern soll. Auch ein Blick in die Zukunft ist uns nicht möglich; wir können uns nur vorstellen, was passieren könnte.
Früher richteten sich die Menschen nach dem Rhythmus der Jahres- und Tageszeiten. Heute bestimmt die Uhr unseren Alltag. Sie regelt das Aufstehen, Schlafengehen, die Mahlzeiten, Schule, Arbeit und auch unsere Freizeit.
Mit Stoppuhren messen wir die Zeit in Sekundenbruchteilen und zerlegen so unser Leben nicht mehr nur tageweise, sondern in Stunden, Minuten und Sekunden.

Aufgaben:

1. Ziehe eine Slalomlinie durch den Text und lies ihn das erste Mal still entlang dieser Linie.
   Achte dabei auf Schlüsselwörter!
2. Unterstreiche drei wichtige Schlüsselwörter im Text.
3. Formuliere das Hauptthema des Textes in einem Satz.
4. Lies noch einmal den ersten Absatz halblaut vor dich hin.
5. Was ist der größte Unterschied zwischen Raum und Zeit?
6. Lies jetzt zum zweiten Mal die restlichen Textabschnitte und beantworte die beiden Fragen:
   a) In welchen Momenten ist uns Zeit bewusst?
   b) In welche Richtung verläuft die Zeit?
7. Wonach richteten sich die Menschen früher, wonach heute?
8. Nenne Beispiele, wo Teile des Lebens in Sekunden gemessen werden, z. B. *beim Wettkampf …*
9. Erkläre folgende Sprichwörter in eigenen Worten:
   – *die Zeit totschlagen*
   – *jemandem die Zeit stehlen*
   – *Zeit verschwenden*
10. Suche drei weitere Sprichwörter oder bildhafte Ausdrücke zum Thema Zeit und lies sie jemandem vor.

Wer ist intelligent?

Über die Bedeutung von Intelligenz zerbrechen sich schon seit langer Zeit viele intelligente Menschen den Kopf.
Was ist Intelligenz und kann man sie messen?
Gibt es eine oder mehrere Formen von Intelligenz? Ist sie nur auf Menschen beschränkt oder können sich Tiere auch intelligent verhalten?
Ist man immer gleich intelligent oder kann Intelligenz z. B. durch Training verändert werden?
Eindeutige Antworten gibt es auf diese Fragen nicht. Fest steht nur, dass Menschen im Allgemeinen in ihrer Intelligenz den Tieren überlegen sind. Sie können schwierige Probleme mit dem Verstand lösen, zwischen guten und schlechten Handlungen unterscheiden und die Folgen daraus bedenken, also auch Zukunftspläne machen.
Einige Wissenschaftler sind der Ansicht, dass ein gewisses Maß an Intelligenz angeboren und festgelegt ist, ähnlich wie z. B. die Körpergröße eines Menschen. Diese Art Grundintelligenz wächst im Laufe des Erwachsenenalters und entwickelt sich durch gute Ernährung, Schulbildung, eine fürsorgliche Familie, viele geistige Anregungen und Lernen.
Andere Forscher bezweifeln diese Theorie und gehen davon aus, dass es mehrere Arten von Intelligenz gibt. Sie nennen verschiedene Bereiche, in denen ein Mensch intelligent sein kann, z. B. den mathematischen oder sprachlichen Bereich. Daneben gibt es noch die räumliche, musikalische, motorische und personale Intelligenz.
Jemand, der als räumlich intelligent gilt, kann sich z. B. besonders gut im Dunkeln zurechtfinden oder besser einparken als andere. Motorisch Intelligente bewegen sich flink und sicher, eine ideale Voraussetzung für Akrobaten und Bergsteiger!
Menschen mit personaler Intelligenz können sich gut in andere hineinversetzen und ihre Gefühle schnell erkennen.

Nach diesem Modell hätte jeder seine Stärken und Schwächen. Wenn jemand die Bruchrechnung auch nach der zehnten Erklärung nicht versteht, heißt das ja nicht, dass er dafür nicht einen schwierigen Zungenbrecher mühelos aufsagen kann!
Gibt es wirklich verschiedene Formen von Intelligenz oder sind das eher Begabungen? Gibt es überhaupt einen Unterschied zwischen Begabung und Intelligenz? Das sind weitere Fragen zu diesem Thema, die noch nicht geklärt werden konnten.

Aufgaben:

1. Lies den ersten Textabschnitt einmal still und notiere dir den Hauptgedanken jeder der vier Fragen in jeweils einem Stichwort.
2. Versuche selbst Antworten auf diese Fragen zu finden und Beispiele aus deinem Wissen und deinen Erfahrungen zu geben.
3. Lies den Text still bis zu *Zukunftspläne machen.* Welche Textstellen sind Belege für die Behauptung, dass Menschen intelligenter als Tiere sind? Unterstreiche sie!
4. Kennst du Beispiele für besonders schwache menschliche und besonders starke tierische Intelligenz?
5. Lies den dritten Textabschnitt. Welche beiden Forschermeinungen stehen sich gegenüber?
   a) Einige Forscher denken, …
   b) Andere sind eher der Ansicht, …
6. Zähle die sechs verschiedenen Bereiche von Intelligenz auf, die die Forscher der zweiten Gruppe nennen.
7. Ordne den folgenden Beispielen einen dieser Bereiche zu, z. B. *Zungenbrecher sprechen = sprachliche Intelligenz*
   – *eine Hausskizze zeichnen =*
   – *jemanden trösten =*
   – *Fremdsprachen sprechen =*
   – *Klavier spielen =*

- *auf dem Schwebebalken tanzen =*
- *an einem Seil eine Mauer hinunterklettern =*
- *Rätsel lösen =*
- *den Stadtplan lesen =*
- *mathematische Gleichungen lösen =*

8. Welches Intelligenzmodell gefällt dir »besser« und warum?
9. Welche Meinung vertritt der Text dazu? Streiche die entsprechende Textstelle an.
10. Welcher Satz ist richtig?
    a) Verschiedene Formen von Intelligenz nennt man Begabungen.
    b) Es gibt einen Unterschied zwischen Intelligenz und Begabung.
    c) Der Unterschied zwischen Intelligenz und Begabung ist nicht klar.
11. Wie viele ungeklärte Fragen zum Thema Intelligenz hat der Text insgesamt?
12. Welche Fragen zu diesem Thema klärt der Text? Gib Beispiele!